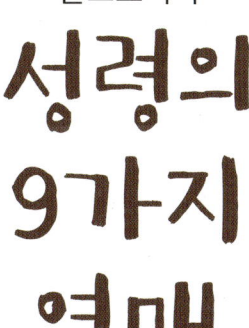

톨스토이와

성령의 9가지 열매

저자 **박양규, 신소윤, 김선영**

목차

일러두기 • 4
서문 | 삼위일체 • 7
프롤로그 | 사랑이 있는 곳에 하나님도 있다   러시아에서(민중의 영혼) • 13

1과 **사랑** (Love) • 29
사람은 무엇으로 사는가?   삶은 어디에나

2과 **희락** (Joy) • 45
일리야스   볼가강의 배 끄는 인부들

3과 **화평** (Peace) • 59
바보 이반   식사

4과 **오래참음** (Longsuffering) • 77
세 가지 비유   톨스토이 초상화, "진리란 무엇인가?" 그리스도와 빌라도, 십자가

5과 **자비** (Kindness or Mercy) • 91
아시리아의 왕 아사르하돈　못 들여보내!

 6과 **양선** (Goodness) • 105
한가한 사람들의 대화　민중 앞에 나타난 그리스도

 7과 **충성** (Faithfulness) • 117
세 가지 질문　젬스트보의 점심, 1861년 2월 19일자 칙령을 읽다

 8과 **온유** (Meekness) • 131
가난한 사람들　쿠르스크 지방의 십자가 행렬

 9과 **절제** (Self-control) • 143
사람에게 땅이 많이 필요한가　찬송하는 경찰들

에필로그 | 폼페이 최후의 날 • 156
참고문헌 • 161

일러두기

　이 책은 성령의 9가지 열매를 하나하나 묵상하며 매일의 삶에 적용하기 쉽게 만든 교재입니다. '성령의 열매'라는 말은 많이 하지만 그 아홉 가지 열매가 뜻하는 것이 무엇인지, 내 삶에 구체적으로 어떻게 적용해야 할 것인지를 배우거나 접하는 일은 드물지요. 더불어 교단과 교파마다 '성령'에 대한 견해와 이해의 폭도 다르고 그 차이도 큽니다. 이 책에서는 그런 여러 견해의 차이를 말하기보다는 갈라디아서 5장을 토대로 가장 기본적이면서도 핵심적인 부분을 말하고 싶었습니다. 즉, 성령 하나님께서 함께 하신다면 성령의 열매가 내 삶 속에 녹아 '인격'적 변화가 나타나게 된다는 것이지요.

　이 책은 오랜 기간 고민하며 '원포인트'로 완성한 교재입니다. '원포인트'란 하나의 핵심 주제에 집중하여 내용을 구성하는 방식을 의미합니다. 즉, 이 책은 청소년을 비롯한 성인들을 위한 성경공부 교재이며, 동시에 어린이용 해설서이기도 합니다. 기존의 교재 개념으로 본다면 '해설서'는 '답안지'나 '가이드' 정도의 기능만 했을 뿐, 그 자체로는 큰 기능을 하지 못했습니다. 그러나 이 교재는 두 가지 기능을 모두 충족합니다. 이 책 자체로 배울 수도 있고, 누군가를 지도할 수도 있습니다. 단, 어린이용에서는 '성령의 열매'라는 명칭 대신 '성품'이라는 명칭을 사용하여 신앙 인격의 성장을 목표로 삼았습니다. 이 목적을 위해 세 명의 작가가 오랜 기간 역할을 분담하여 고민하고 연구한 끝에 이 책을 완성했습니다.

박양규 작가는 전체의 구조와 작품을 배열했고, 신소윤 작가는 어린이용과의 연계를 도모하며 작품과 그림을 연구했습니다. 김선영 작가는 톨스토이 단편집 《사람은 무엇으로 사는가(새움)》의 번역 작가로서, 이 책에 실린 단편들을 러시아어 원본을 토대로 충실하게 번역하여 원문의 의미와 뉘앙스를 최대한 정확하게 전달하려고 노력했습니다. 톨스토이의 단편에서 'God'이라는 단어는 대개 '하느님'으로 번역되나 이 책에선 '하나님'으로 쓰고자 합니다. 러시아에서는 '하나님', '하느님'의 차이가 없지만, 우리나라에서는 정서상 두 단어를 구별하여 사용하기 때문입니다.

작가 톨스토이는 누구보다도 그리스도를 본받아 살아가는 삶을 꿈꿨습니다. 그의 신앙적 열망은 그의 단편 속에 오롯이 담겨 있습니다. 이 책에서 제시하는 단편들은 성령의 열매와 구색을 맞추기 위해 임의로 배열된 것이 아니라, 여러 자료를 연구하고 조사하여 톨스토이의 의도에 맞게 배열된 것입니다. 또한 톨스토이와 직간접적으로 영향을 주고받은 화가들의 그림을 연결하여 재구성했습니다. 따라서 성경의 내용과 톨스토이의 작품, 그리고 화가들의 그림을 묵상한다면 어느덧 성령의 열매는 우리의 삶의 인격으로 나타나게 될 것입니다.

끝으로, 더 깊고 풍성한 묵상과 나눔을 할 수 있도록 다음과 같이 구성했습니다.

그림과의 대화 | 성령의 열매를 **시각화**하고 구체적으로 적용합니다.

톨스토이와의 대화 | 톨스토이의 단편을 읽어보면, 그 앞뒤로 **성경 구절**이 적혀 있는 것을 볼 수 있습니다. 이는 톨스토이가 그 구절을 삶으로 녹여내기 위해 글을 썼다는 의미입니다. 따라서 단편을 읽는 것은 성경을 통해 톨스토이와 대화를 나누는 것이라고 할 수 있습니다. 이 책에서는 그의 단편을 읽으며 **작가의 의도**를 파악합니다.

성경과의 대화 | 성경을 **묵상**하고, 다른 분들과 함께 나눌 수 있는 **질문**을 넣었습니다. 이러한 질문들을 통해 성령의 각 열매와 구체적인 성경의 의미를 파악하고 개인적으로 이해하고 느낀 **깨달음**을 나누면서 이를 통해 개인의 성장에서 나아가 공동체와 주변을 향해 시선을 확장할 수 있도록 돕습니다.

아울러, **성경의 창문**을 통해 각 구절의 **역사적, 문맥적 배경**을 이해하도록 안내했습니다. 이는 목회자가 없더라도 성경을 깊이 이해할 수 있도록 돕기 위함입니다.

역사의 창문 | 톨스토이의 작품과 러시아 그림은 모두 그 **시대를 배경**으로 하고 있습니다. 역사와 무관하게 만들어진 작품은 없습니다. 그 시대를 모른다면 작품을 반쪽만 이해하는 것입니다. 이 코너를 통해 작품과 그림을 러시아 역사 속에서 더 깊이 이해하는 기쁨을 누리시길 바랍니다.

덧붙여 성경의 원래 내용에 충실하기 위해 여러 주석들과 함께 스탠리 하우어워스와 윌리엄 윌리몬이 쓴 책 〈성령〉을 토대로 하였음을 밝혀둡니다.

이 모든 과정을 통해 우리의 삶 속에 성령의 열매가 가득 채워지길 기도합니다.

– 박양규, 신소윤, 김선영

서문
하나님이 존재하는 방식, **삼위일체**

삼위일체(1411년경), 안드레이 루블료프 作

여러분들은 '성령의 열매'하면 무엇이 떠오르시나요?

많은 사람들은 '성령의 열매'라고 하면 방언이나 예언 같은 성령의 은사를 떠올리거나, 혹은 9가지의 열매를 암기합니다.

우선, 갈라디아서의 맥락에서 '성령의 열매'란, 은사와 관련이 없습니다. 암기한다고 해서 열매가 생기는 것도 아닙니다. 하나님과 함께하는 사람이라면, **하나님의 성품으로 변해가는 결과가 성령의 열매**입니다. 즉, 우리 속에 성령 하나님께서 우리로 하여금 하나님을 닮은 모습으로 변화시키는 '기적'이라고 할 수 있습니다. 우리 스스로 그런 능력이 생기는 것이 아니니까요. 갈릴리 어부 출신으로 다혈질 성격이었던 베드로는 성령의 열매로 변화되었습니다. 교회를 박해하던 바울은 일평생 교회를 위해 전도하는 인물이 되었습니다. 이것은 베드로와 바울의 노력이 아니라 성령의 '열매'입니다.

그래서 베드로는 이렇게 말합니다.

> 이로써 그 보배롭고 지극히 큰 약속을 우리에게 주사
> 이 약속으로 말미암아 너희가 정욕 때문에 세상에서 썩어질 것을 피하여
> 신성한 성품에 참여하는 자가 되게 하려 하셨느니라.
> - 베드로후서 1장 4절 -

베드로는 하나님이 우리에게 주신 약속을 말합니다. 우리가 살아있는 동안, 하나님이 우리를 하나님의 성품으로 변화시켜 주신다는 약속입니다. 놀랍지 않습니까? 우리가 살아가는 시간은 고통과 근심과 염려의 연속인 것 같은데, 하나님의 관점에서는 오히려 그런 과정들을 통해 우리

를 하나님의 성품으로 만들어 가신다고 약속하신 것이지요. 그렇다면 '어떻게' 하나님의 성품으로 만들어 가실까요? 바울은 이렇게 기록했습니다.

> 이와 같이 성령도 우리의 연약함을 도우시나니
> 우리는 마땅히 기도할 바를 알지 못하나 오직 성령이 말할 수 없는 탄식으로
> 우리를 위하여 친히 간구하시느니라.
> - 로마서 8장 26절 -

성령 하나님은 우리가 염려하고 낙심한 순간에도 우리를 위해 기도하고 계십니다. 눈으로 보이지는 않지만, 믿음을 발휘한다면 성령 하나님이 지금 무엇을 하시는지 믿을 수 있습니다. 이 과정을 잘 보여주는 것이 성부, 성자, 성령 하나님이 존재하시는 '삼위일체' 방식입니다.

안드레이 루블료프가 그린 〈삼위일체〉라는 그림을 볼까요?

안드레이 루블료프(1370년~1430년경)는 러시아 사람이고, 이 그림을 1411년 무렵에 그렸습니다. 지금의 러시아는 무척 강한 나라지만, 그 무렵의 러시아는 지금처럼 강한 나라가 아니었습니다. 특히 유럽을 휩쓸던 타르타르족의 침공으로 많은 러시아 사람들이 죽었고, 나라는 황폐해졌습니다. 그런 시대에 하나님을 의지해서 고난을 극복하려고 안드레이 루블료프는 삼위일체를 묵상한 뒤 이 그림을 그렸습니다.

이 그림은 고통을 받던 많은 사람들에게 큰 희망과 용기를 주었습니다. 베드로후서 1장 4절에서 하나님은 우리를 그분의 성품으로 변화시키시기로 약속하셨는데, 그 하나님은 아브라함에게도 약속을 하셨습니다. 창세기 18장의 아브라함에게 세 천사가 나타나서 약속하는 장면에 영감

을 받아서 안드레이 루블료프는 〈삼위일체〉라는 그림을 그렸습니다. '삼위일체'란, 성부, 성자, 성령 하나님이 한 하나님으로 계신다는 믿음입니다.

안드레이 루블료프의 〈삼위일체〉 그림 속 세 존재가 식탁에 앉아 있는데, 맨 왼편은 성부, 가운데는 성자, 오른편은 성령 하나님을 나타냅니다.

모두 손에 지팡이를 들고 있는 것은 각각 맡은 사역이 있다는 의미입니다.

성부, 성자, 성령은 **모두 하늘을 나타내는 푸른색 옷**을 입었습니다.

성부 하나님은 푸른색 옷 위에 영광과 권능을 상징하는 황금색 옷을 입었습니다. 성자는 '희생'을 상징하는 붉은색 옷을 입고 있고, 그 위에 푸른색 겉옷을 입었습니다. 성자는 성부 하나님을 바라보고 있습니다. 그리고 손을 펴서 잔을 향해 뻗습니다. 잔 속에는 희생제물이 들어 있는데, 성자께서 희생할 것을 암시하고 있습니다.

정말 그럴까요? 성부 머리를 출발해서 몸을 따라 발끝으로 연결해서 선을 그려 보세요.

그 선을 성령의 머리까지 연결하면 잔 모양의 곡선이 만들어지고 그 속에 성자가 희생제물이 된다는 의미를 엿볼 수 있습니다. 성자 예수는 십자가의 고통을 당해야 했고, 그것이 성부 하나님의 계획이었기 때문에 성자는 성부를 바라보며 포도주잔에 손을 내밀고 있습니다. 성자를 따라 아래로 시선을 옮기면 식탁 아래에 작은 네모 모양을 볼 수 있습니다. 이 네모는 '좁은 문'입니다. 희생을 당해야만 하는 고통스러운 길이 성자가 가야 할 그리스도의 길이며 좁은 길입니다.

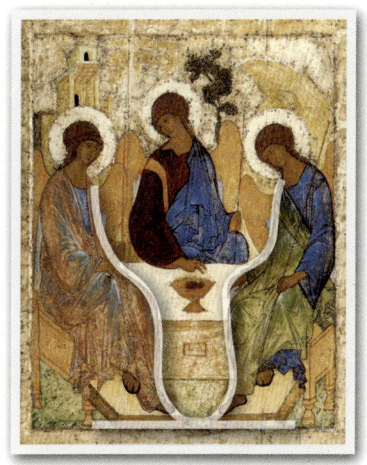

이 문을 통과해서 그리스도의 길을 가는 사람을 '그리스도인'이라고 부릅니다.

성자 뒤에는 **마므레 나무**가 그려져 있는데, 이것은 십자가를 상징합니다. 성자는 성령을 향해 몸을 돌리고 있고, 성부 역시 시선을 성령에게 보내고 있습니다. 성부 하나님의 계획, 성자 예수님의 희생을 통해서 성령 하나님이 우리를 향한 약속을 실행하신다는 것을 나타내는 것이겠지요. 그래서 성령은 **하늘을 뜻하는 푸른색 옷**을 입었지만, 동시에 '자유'를 상징하는 **녹색의 옷**을 입고 있습니다. 삼위 하나님은 함께 서로를 바라보며 식탁에서 교제를 나누고 있습니다.

하나님의 성품이란, 이렇게 서로를 바라보며, 친밀한 사랑의 관계로 연결된 상태를 말합니다. 그래서 이 그림은 사랑의 따뜻함을 상징하는 노란색으로 표현되었습니다. 이것이 성령의 열매를 통해 우리를 변화시키는 하나님의 성품이며, 본질입니다.

이 그림을 감상한 헨리 나우웬은 "우리도 거룩하고 친밀한 대화에 동참하라고 식탁으로 초대

받는 느낌을 받게 된다"라고 고백했습니다.[1]

우리가 세상에서 사람들을 친밀하게 대하고, 거룩한 식탁으로 초대하는 '사랑'의 성품이야말로, 그리스도께서 제시하는 좁은 길이고, 십자가의 길입니다. 그래서 마므레 나무로부터 식탁 아래 좁은 문까지, 성부와 성령의 머리까지 선을 직선으로 연결하면 이 그림 속에는 십자가의 모습이 보입니다.

성령의 열매란 무엇일까요? 성부, 성자, 성령 하나님이 함께하시는 모습처럼, **하나님이 우리와 함께하실 때 우리에게 나타나는 변화**입니다. 톨스토이는 그 누구보다도 간절히 하나님의 성품을, 그리스도를 닮기 원하며 그것을 작품 속에 담으려던 작가입니다. 안드레이 루블료프의 그림처럼, 이 책을 통해서 톨스토이의 작품들과 대화하고, 톨스토이의 영향을 받은 여러 화가의 그림과 대화한다면, 우리의 생각과 성품이 성령의 열매로 채워져 갈 것입니다. 이 책 속 성령의 열매 이야기가 단순한 지식을 넘어 우리의 삶을 풍요롭게 하고, 주변 사람들과의 관계까지 변화시킬 수 있기를 진심으로 기대합니다.

---

[1] 가톨릭신문 2016년 5월 22일자 16면. 최대환 신부의 인물과 영성이야기 (20), 안드레이 루블료프.

프롤로그

러시아, 톨스토이,
그리고 **성령의 열매**

그림과의 대화

러시아에서(민중의 영혼) (1914~1916)

미하일 네스테로프(1862~1942) 作

프롤로그 러시아, 톨스토이, 그리고 성령의 열매 | 15

현재, 대한민국의 상황을 어떻게 표현할 수 있을까요? 어쩌면 "자기의 소견에 옳은 대로(삿 17:6, 21:25)" 살아가는 시대라고 평가할지도 모릅니다. 〈러시아에서(민중의 영혼)(1914~1916)〉는 러시아 종교화가 미하일 네스테로프가 100년 전에 그린 그림입니다. 역사를 공부하신 분들이라면 1917년에 러시아에서 어떤 일이 일어났는지 아실 겁니다. 볼셰비키 혁명이 일어났고, 그 이후에는 '이념'으로 인해 엄청나게 많은 사람이 죽었습니다. 나치에 의해 600만 명의 유대인들이 학살된 것이 비극이지만, 볼셰비키 혁명 이후 이보다 훨씬 더 많은 사람이 숙청당하거나 목숨을 잃었습니다. 또한, 현재까지 북한에서는 이념 문제로 많은 사람이 고통을 받고 있습니다. 물론, 이념으로 인한 대립은 우리나라도 예외가 아닙니다.

미하일 네스테로프가 이 그림을 그리던 시기의 러시아는 폭풍전야 같았습니다. 그는 매우 혼란한 조국을 걱정하고 있었습니다. 다시 그림을 볼까요? 밀려오는 폭풍을 직감한 것처럼 수많은 사람이 해변에 몰려들었습니다. 이들은 폭풍 너머의 희망을 갈망하고 있습니다. 그림 속 군중들을 살펴보면 러시아의 유명인들이 보입니다. 톨스토이와 도스토옙스키 같은 대문호가 있고, 레닌 같은 정치인도 있습니다. 화려한 옷을 입은 러시아의 성직자들도 보입니다.

그러나 이 군중들의 얼굴에서 희망을 찾기 어렵습니다. 그림 속 성직자들이 들고 있는 영정사진은 오래되어 시커매진 '그리스도'의 이콘입니다.

그리스도의 얼굴을 영정 사진으로 들고 있다는 것은 정신적인 구심점을 상실한 채 극심한 혼란에 빠져 있다는 의미입니다. 화가는 무엇을 말하고 싶었을까요?

맨 앞에 젊은 부부가 보입니다. 남편은 시각 장애인이라서 앞을 볼 수 없습니다. 이 남자는 전쟁터에서 돌아온 군인이라는 이야기가 있습니다. 전쟁터에서 눈을 다쳐 볼 수 없게 된 것이지요. 아내가 남편을 부축하고 있습니다. 한치 앞을 볼 수 없는 러시아의 상황을 암시한 것은 아닐까요?

화려한 옷을 입은 성직자들은 러시아 정교회 성직자들입니다. '정교회'란 로마 교회의 정통을 계승한다는 의미입니다. 1453년에 동로마제국이 멸망했을 때, 러시아 교회는 스스로를 "정통"이라고 불렀습니다. 그러나 이 성직자들은 곁눈질하며 불편한 심기를 드러냅니다. 왼쪽 끝에는 한 노인이 벌거벗은 채 춤을 춥니다. 이 노인은 '유로디비'인데 사람 이름이 아니라 '겉으로 보기엔 미치광이처럼 보이나 지혜와 예언의 능력을 가진 인물'을 가리키는 말입니다. 자신이 러시아의

희망인 것처럼 행동하지만, 이 그림에서는 그저 벌거벗고 미친 노인에 불과합니다. 원로에게 아무 말도 못하고 **곁눈질만 하는 종교인들**도 아무런 희망을 제시할 수 없는 것은 마찬가지입니다.

러시아어 자료에 따르면 화가는 어린 아이의 자리에 그리스도를 그리려고 했으나 계획을 바꾸어 그리스도의 얼굴을 영정 사진에 옮겨 그렸다고 합니다. 이 과정에서 작가는 무엇을 고민했을지 짐작해 볼 수 있습니다.

희망을 잃은 세대 속에서 한 **아이**가 등을 돌린 채 바다를 바라보고 있습니다. 이 어린 세대에게 희망을 주는 것은 과연 무엇일까요? 화가는 이 그림을 통해 그 시대를 향해 질문을 던집니다. 한 명의 아이가 국가의 미래이자 교회의 미래입니다. 이 그림이 100년 전 러시아 상황에만 국한된 것일까요? 그림 속에서 오늘날 교회에서 아이들이 '소수 종족'으로 불리는 현실이 겹쳐집니다.

톨스토이와의 만남

러시아의 대문호 레프 톨스토이(1828~1910)는 극적으로 회심한 후 작정하고 한 작품을 쓰기 시작했습니다. 1891년부터 쓰기 시작한 책은 1893년이 되어서야 완성되었습니다. 그러나 러시아 당국은 검열을 통해 톨스토이의 작품을 금서(禁書)로 지정했고, 러시아 정교회는 톨스토이를 파문했습니다. 이 책은 《신(하나님)의 나라는 네 안에 있다》입니다. 도대체 이 책은 무엇일까요?

《안나 카레니나》,《전쟁과 평화》와 같은 작품으로 세계를 평정한 톨스토이는 그 펜으로 러시아 교회에게 질문을 던집니다. "도대체 신앙이란 무엇이고, 기독교란 무엇인가?"《신의 나라는 네 안에 있다》의 책 부제는 "기독교는 신비의 종교가 아닌 새로운 생활의 이해다"라고 되어있습니다. 제목에서 그의 본심이 엿보입니다. 현재의 삶 속에 그리스도의 모습이 나타나지 않는다면 그 종교가 외치는 회개와 천국은 허황한 것이라고 말합니다. 교회가 전혀 그리스도답지 않다면 구원을 '팔아먹는' 것이라고까지 말합니다.

톨스토이는 진정한 교회란, 그리스도를 닮은 '사람들의 공동체'이지, 제도화된 교회가 권력과 탐욕으로 쌓아 올린 십자가 탑이 있는 '건물'이 아니라고 했습니다. 그 결과 그는 교회로부터 파문당한 '이단자'가 되었습니다. 우리나라에 톨스토이를 알렸던 인물은 춘원 이광수였습니다. 그는 《부활》을 국내에 소개했지만, 톨스토이의 작품에서 그리스도를 제거하고, 자신의 성공을 위해 톨스토이를 '팔아먹은' 문학가였습니다.[2]

---

[2] 박홍규,《내 친구 톨스토이》, p.14.

변절자 이광수가 일제강점기의 주류 문학가였고, 그와 다른 길을 걸었던 교회들은 얼마나 혹독한 고통을 겪었는지 우리는 잘 알고 있습니다. 이런 역사의 아이러니는 러시아에서도, 우리나라에서도 반복됩니다.

톨스토이는 지금 우리에게도 여전히 같은 질문을 던집니다. 신앙이란 무엇이고, 기독교란 무엇일까요? **기독교**란 건물, 제도, 성직자, 관행이 아니라 **그리스도를 닮는 것**입니다. 따라서 성령의 열매가 무엇인지 배우고, 우리 '삶의 열매'로 나타나야 할 겁니다. 실제로 톨스토이의 작품은 러시아는 물론, 인도의 마하트마 간디, 미국의 마틴 루터 킹 목사에게 영향을 주었고, 역사의 변화를 일으켰습니다. **신앙**이란, 타 종교의 '신전(Temple)'을 허물고, '성전(Temple)'을 세우는 것이 아니라 **'우리가 성전'이 되는 것**입니다(고전6:19). 이것이 바로 톨스토이가 말하는 우리 삶을 완성해가는 과정이며,[3] 바울과 베드로가 말했던 **하나님의 성품을 닮아가는 성화(聖化)**이기도 합니다. 결국, 우리가 배워야 하는 것은 **그리스도를 본받아 '진실하게 사는 것'**이 아닐까요.[4]

톨스토이의 작품은 '현실'이라는 삶의 테두리에서 우리의 내면을 성찰하고 영혼을 밝힙니다.[5]

성령의 9가지 열매를 나열만 한다면 추상적입니다. 그러나 톨스토이와 대화를 나누면 우리의 삶은 어느덧 환하게 빛날 겁니다. 다음 단편을 읽어보면 이 의미를 이해하실 겁니다.

---

[3] 슈테판 츠바이크, 《츠바이크가 본 카사노바, 스탕달, 톨스토이》, p.201.
[4] 이진숙, 《러시아 미술사》, p.11.
[5] 슈테판 츠바이크, 《츠바이크가 본 카사노바, 스탕달, 톨스토이》, p.234.

톨스토이와의 대화

사랑이 있는 곳에 하나님도 있다 (1885)

《사랑이 있는 곳에 하나님도 있다》라는 작품은 성령의 열매와 관련해서 무척 중요한 단편입니다. '하나님은 사랑이시다'라는 구호를 우리는 쉽게 접할 수 있습니다. 전도지, 현수막, 그리고 곳곳에서 이 문구를 볼 수 있습니다. 그러나 이것이 기독교의 '본질'인지, 아니면 '브랜드'인지 구별하기가 쉽지 않습니다. 왜냐하면 이런 구호는 많지만 '사랑'이 피부에 와 닿지 않기 때문입니다. 그런 까닭에 하나님의 존재도 느껴지지 않습니다.

톨스토이는 하나님이 이 세상에 어떻게 자신의 존재를 드러내시는지 이 단편에서 말합니다. 그리고 작품에 다음과 같은 성경 구절을 넣었습니다. 그럼 이 구절과 함께 톨스토이의 단편을 읽어볼까요?

> "내가 주릴 때에 너희가 먹을 것을 주었고, 목마를 때에 마시게 하였고, 나그네 되었을 때에 영접하였고, 헐벗었을 때에 옷을 입혔고, 병들었을 때에 돌보았고, 옥에 갇혔을 때에 와서 보았느니라. 이에 의인들이 대답하여 이르되 주여, 우리가 어느 때에 주께서 주리신 것을 보고 음식을 대접하였으며, 목마르신 것을 보고 마시게 하였나이까. 어느 때에 나그네 되신 것을 보고 영접하였으며, 헐벗으신 것을 보고 옷 입혔나이까. 어느 때에 병드신 것이나 옥에 갇히신 것을 보고 가서 뵈었나이까 하리니, 임금이 대답하여 이르시되 내가 진실로 너희에게 이르노니 너희가 여기 내 형제 중에 지극히 작은 자 하나에게 한 것이 곧 내게 한 것이니라 하시고…"
>
> – 마태복음 25장 35~40절 –

프롤로그 러시아, 톨스토이, 그리고 성령의 열매

어느 도시에 마르틴 아브데이치라는 제화공이 살았다. 사람들은 손재주도 좋고 정직한 그를 칭찬했고, 덕분에 일감이 끊이지 않았다. 그가 사는 지하 단칸방엔 길가를 향해 난 창문이 있었는데, 창밖으로 누군가 지나가면 신발만 보고도 누구인지 알 수 있었다. 하지만 성실하게 일하는 마르틴의 삶은 행복하지 않았다. 아내와 아이들은 일찍 세상을 떠났고, 막내아들마저 어느 정도 커서 아버지의 일을 돕기 시작할 무렵 병에 걸려 죽어버렸다. 하나뿐인 아들마저 잃고 혼자 남은 그는 절망에 빠져 하나님께 불평하기 시작했다. 교회에 다니는 것도 그만두었다.

어느 날 제화공의 고향 친구가 성지 순례를 마치고 돌아오던 길에 그의 집에 들렀다. 마르틴은 친구에게 자신의 불행을 털어놓았다.

"난 이제 살고 싶은 생각이 없어. 아무런 희망도 없이 혼자 남았으니, 그저 빨리 데려가 주시라고 하나님께 구하고 있다네."

그러자 친구가 말했다.

"마르틴, 그렇게 말하지 마. 우리는 하나님께서 하시는 일을 판단할 수 없어. 만일 주께서 자네 아들에겐 죽을 것을, 자네에겐 살 것을 명하셨다면, 그렇다면 그게 나은 거야. 이제부턴 자네 자신을 위해 살지 말고 하나님을 위해 살도록 해 봐. 그럼 어떤 일에도 상심하지 않고 기쁨을 누릴 수 있을 거라네."

"하나님을 위해 살라니, 그건 어떻게 하면 되는 건가?"

마르틴이 물었다.

"하나님을 위해 사는 법은 그리스도께서 친히 보여주셨지. 복음서를 사서 읽어봐. 거기에 다

나와 있어."

친구의 말을 귀담아들은 제화공은 그날 곧장 신약성서를 사서 읽기 시작했다. 처음엔 가끔 한 번씩 들여다볼 생각이었으나, 읽다 보니 마음이 편해져서 매일 읽게 되었다. 성서를 읽을수록 하나님께서 무엇을 원하시는지, 하나님을 위해 어떻게 살아야 할지 분명히 깨달았다. 그리고 더는 밤마다 불행을 곱씹으며 슬퍼하지도, 술을 마시지도 않게 되었다. 그저 평안한 마음으로 "주님 당신께 영광을! 당신의 뜻입니다."라고 말할 뿐이었다. 하루하루 성실히 일하고 복음서를 읽는 마르틴의 삶은 조용하고 즐거웠다.

한번은 그가 밤이 늦도록 누가복음 6장을 읽고 있었다.

> 누가 네 뺨을 때리거든 다른 뺨도 돌려대라. 누가 네 겉옷을 빼앗아 가고 속옷까지 가져간다 해도 거절하지 말라. 누구든지 달라고 하면 주고 네 것을 가져가면 돌려받겠다고 하지 말라. 너희가 남에게 대접받고자 하는 대로 남을 대접하라.
>
> 어째서 너희는 나를 '주여, 주여' 하고 부르면서 내가 말하는 것은 행하지 않느냐? 내게 와서 내 말을 듣고 그대로 실천에 옮기는 사람이 어떤 사람과 같은지 너희에게 보여주겠다. 그는 땅을 깊이 파고 바위 위에 단단히 기초를 세운 건축자와 같다. 홍수가 나서 폭우가 덮쳐도 그 집은 흔들리지 않았다. 그 집이 잘 지어졌기 때문이다. 그러나 내 말을 듣고도 실천에 옮기지 않는 사람은 기초 없이 맨땅에 집을 지은 사람과 같다. 그 집은 폭우가 덮치는 즉시 무너져 폭삭 주저앉았다.

말씀을 읽은 마르틴의 마음에 기쁨이 가득했다. 그는 자신의 삶을 말씀에 적용해 보며 생각했다. '내 집은 모래가 아닌 반석 위에 있는 것 같으니 참 감사하구나. 앞으로도 죄를 짓지 않고 하나님이 명하신 대로 살도록 애써야겠어. 주님, 저를 도우소서!' 그는 또 이어 7장을 읽어 내려갔다.

예수께서 백부장의 믿음을 칭찬하신 이야기, 과부의 아들을 살리신 이야기, 요한의 제자들에게 하신 말씀을 읽었다. 그다음엔 부유한 바리새파 사람이 주님을 자신의 집에 초대한 이야기가 이어졌다. 한 죄인인 여자가 그 집에 들어와 눈물을 흘리며 예수의 발에 입 맞추고 향유를 부었다. 예수께서 그 여자의 죄를 용서해 주시자 바리새파 사람은 속으로 예수를 비난했다. 그러자 예수께서 그에게 말씀하셨다.

"너는 내게 발 씻을 물을 주지 않고, 입을 맞추지도 않고, 머리에 기름을 발라주지 않았다."

마르틴은 자신이 그 바리새파 사람처럼 자신만 생각하고 손님들에 대해선 생각하지 않았다는 걸 깨달았다. 그리고 만일 주님이 자신에게 오신다면 어떻게 할까 생각하다 문득 잠들었다.

"마르틴! 내일 밖을 내다보렴. 내가 갈 것이다."

누군가 말하는 소리가 들렸다. 깜짝 놀라 잠에서 깬 마르틴은 그 말을 들은 게 꿈인지 생시인지 알 수 없었다. 다음 날 마르틴은 일하는 내내 어제 잠결에 들은 말을 떠올리며 창밖을 살폈다. 아는 사람들이 많이 지나갔다. 그러다 스테파니치라는 노인이 눈을 치우는 게 보였다. 허약한 몸으로 삽을 들고 일하는 게 힘에 부쳐 보였다. 마르틴은 그를 불러서 따끈한 차를 대접했다. 그리고 어제 겪은 이야기를 들려주었다.

"그리스도께서 내게 찾아오신다면 난 과연 잘 영접할 수 있을까, 생각하다가 깜빡 잠들었는데, 아 글쎄 잠결에 목소리가 들리잖아. 오늘 올 테니까 나더러 기다리라고 했어. 그래서 이렇게 계속 창밖을 살피고 있다네."

마르틴은 또 스테파니치에게 예수에 대한 말씀을 들려주었다. 가만히 이야기를 듣던 노인이 차를 다 마시고는 자리에서 일어났다.

"고맙네, 마르틴. 자네 덕분에 몸도 마음도 따뜻해졌어."

스테파니치가 떠나고 마르틴은 다시 일을 시작했다. 일하면서도 그리스도의 여러 말씀을 떠올리며 계속 창밖을 살폈다. 남루한 옷차림에 아기를 안고 있는 낯선 여자가 눈에 띄었다. 아기는 추워서인지 배고파서인지 울음을 그치지 않았다. 그는 밖으로 나가 여자를 집으로 초대해서 빵과 수프를 대접했다. 여자가 음식을 먹으며 자신의 어려운 사정을 이야기했다.

"제 남편은 군인인데 멀리 떠나서 소식이 없어요. 전 집에서 쫓겨나 이리저리 떠돌아다녔지요. 다행히 한 아주머니가 절 딱하게 여겨서 그 집에서 잠깐 지내고 있어요. 근데 일자리 찾는 게 정말 어렵네요."

마르틴은 벽장에서 오래된 외투를 꺼내 여자에게 건넸다.

"아기 엄마, 별로 좋은 건 아니지만 이거 받아. 내가 오늘 괜히 창밖을 본 게 아니야."

그는 여자에게 자신의 꿈 얘기를 들려주었고, 주께서 그에게 찾아오시진 않을까 기다리고 있다고 했다. 여자가 대답했다.

"그럼요, 무슨 일이든 있을 수 있죠. 하늘 아버지께서 저를 할아버지네 창가로 오게 하셨나 봐요. 이렇게 대접해 주셔서 고맙습니다."

여자가 떠나자 마르틴은 수프를 먹고 식탁을 치운 후 다시 일을 시작했다. 잠시 후 어깨에 자루를 메고 손엔 사과 바구니를 든 노파가 멈춰 섰다. 그런데 노파 옆으로 한 소년이 다가오더니 사과 하나를 몰래 훔쳤다. 눈치챈 노파는 재빨리 소년을 붙잡았고 욕을 하며 아이를 때리기 시작했다. 마르틴은 일감을 집어던지고 밖으로 뛰쳐나갔다.

"애를 놔줘, 할머니. 그리스도를 생각해서 용서해 줘!"
"그럼 이놈이 버릇만 나빠져. 경찰서에 데려가서 아주 혼꾸멍을 내줘야 해!"

마르틴은 다시 노파에게 부탁했다.

"할머니, 앞으로는 안 그럴 거야, 용서해 줘. 이 녀석아, 너도 어서 잘못했다고 용서 빌어! 사과 훔치는 거 내가 다 봤어!"

소년은 울음을 터뜨리며 용서를 구했다. 아직 화가 안 풀린 노파에게 마르틴이 말했다.

"하나님은 용서하라고 하셨어. 안 그러면 우리도 용서 못 받는다고. 사과 하나 훔친 어린애를 용서 안 해주면, 그동안 죄 많이 지은 우리 노인네들은 어떻게 용서를 받겠어?"
"하긴 그렇지, 아직 철없는 녀석이니까. 하나님이 너와 함께 하시길 바란다."

그러자 용서받은 소년이 노파의 자루를 자신의 어깨에 짊어지며 말했다.

"할머니, 나도 이쪽으로 가니까 같이 가."

마르틴은 두 사람의 뒷모습을 한동안 바라보다 집으로 돌아왔다.

날이 어둑해져 가로등이 켜지자 마르틴도 등불을 켜고 남은 일을 마저 했다. 이내 부츠 한 짝이 완성됐다. 그는 연장을 정리하고 상위를 쓸어낸 후 선반에서 복음서를 가져왔다. 복음서를 펼치자 어제의 꿈이 다시 떠올랐다. 그런데 갑자기 누군가 뒤에서 움직이는 소리가 들렸다. 뒤를 돌아보자 캄캄한 방구석에 사람들이 서 있었다. 마르틴은 그들이 누구인지 도무지 알 수 없었다. 그러자 귓가에서 목소리가 들렸다.

"마르틴, 나를 못 알아봤어?"

"누구를...?"

"나야."

어두운 구석에서 스테파니치가 나오며 미소 짓더니 구름이 흩어지듯 사라졌다.

"이 사람도 나였어."

목소리가 말했다.

이번엔 아이를 안은 여자가 나와서 웃더니 역시 사라졌다.

"이 사람도 나란다."

목소리가 말했다.

노파와 사과를 든 소년이 나오더니 역시 미소를 짓고는 사라져버렸다. 마르틴은 마음이 흐뭇해져서 다시 복음서로 눈을 돌렸다.

펼쳐진 복음서엔 이런 말씀이 적혀있었다.

> 너희는 내가 배고플 때 먹을 것을 주었고 내가 목마를 때 마실 것을 주었으며 내가 나그네 됐을 때 나를 맞아들였다. 무엇이든 너희가 여기 있는 내 형제들 중에 가장 보잘것없는 사람에게 한 것이 곧 내게 한 것이다.

마르틴 아브데이치는 오늘 그에게 구세주가 오셨고, 자신이 그분을 영접했음을 깨달았다.

Q1 마태복음 25장 35~40절과 톨스토이의 단편은 어떤 공통된 메시지를 전하고 있나요? 이것을 현실에서 어떻게 실천할 수 있을까요?

Q2 이 그림과 작품을 보고 당신이 느낀 점은 무엇인가요? 그것이 당신의 일상생활에 어떤 영향을 줄 수 있을까요?

Q3 '하나님은 사랑이시다'라는 의미를 이 세상에 구체적으로 어떻게 드러낼 수 있을까요? (여러분의 일상에서 실천할 수 있는 작은 행동들을 나열해 볼까요.)

삶은 어디에나 (1888)

니콜라이 야로셴코(1846~1898) 作

1과 사랑(Love)

그림에 등장하는 사람들은 러시아 정부의 부당함을 비판하던 사람들입니다. 러시아 당국은 이런 지식인들을 정치범으로 낙인찍어서 시베리아로 보내곤 했습니다. 대문호 도스토옙스키도 이런 시절을 4년간 경험했습니다. **어린아이 옆의 한 남자**는 머리를 빡빡 민 채 절망의 땅 시베리아로 향하는 중입니다. 대부분의 사람이 살아서 돌아오는 것을 기약할 수 없었으니 이들의 마음은 절망 그 자체였습니다.

그러나 남편이 시베리아로 가는 길에 목숨을 걸고 동행하던 여인들이 있었습니다. 이 그림은 시베리아로 향하는 남편을 따라 **아내와 아이가 동행하는 모습**입니다. 이 가족의 미래는 어떨까요? 아내의 얼굴에서 그 마음을 엿볼 수 있습니다. 화가 니콜라이 야로센코는 이런 현실 속에서 톨스토이의 《사람은 무엇으로 사는가》라는 작품을 읽고 이 그림을 그렸습니다.

사람은 환경의 영향을 받습니다. 그러나 니콜라이 야로센코는 이 그림을 통해서 말합니다. 진정한 행복이란, 환경에서 오는 것이 아니라 우리의 시선에 달려있다는 것을 말이죠. 시베리아로 가는 기차는 지금 간이역에 정차했습니다. 어린 꼬마는 과자 부스러기를 창밖으로 던졌고, **비둘기들**이 그것을 먹으려고 몰려들었습니다. 아이는 그 모습을 경이롭게 지켜봅니다. 아이의 웃음은 금새 화물차 안의 다른 사람들에게도 번지고 있습니다. 톨스토이도, 야로센코도 굳게 믿었습니다. 사람은 환경을 바꿀 수 없지만, 그 환경에 대한 해석은 얼마든지 바꿀 수 있다는 것을 말이죠.

이 그림을 보고 여러분은 어떤 감동을 받으셨나요? 혹시 꼬마 아이의 과자 '부스러기'처럼 작은 행동이 커다란 경이로움으로 바뀌었던 기억이 있나요? 이제 니콜라이 야로센코에게 감동을 주었던 톨스토이의 《사람은 무엇으로 사는가》를 만나보려 합니다. 톨스토이 단편을 번역한 김선영 작가의 말에 따르면 작품의 본디 제목은 《사람은 무엇으로 살아 있는가》라고 합니다. "사람은 무엇으로 사는가?"와 "사람은 무엇으로 살아 있는가?"는 비슷하게 보이지만 뉘앙스가 다릅니다. 전자는 마치 '수단'이 필요하다는 느낌을 줍니다. 그래서 그 정답인 '사랑'은 수단으로서의 의미를 갖는 것으로 이해됩니다. 하지만 《사람은 무엇으로 살아 있는가?》의 정답이 사랑이라면, 이 사랑은 우리의 존재 방식까지 포괄하게 됩니다.

이것은 '성령의 열매'에서 무척 중요합니다. '성령'은 우리가 필요로 하는 무엇인가를 가져다주는 '수단'일까요? 하나님은 결코 우리를 수단으로 삼지 않으셨습니다. 안드레이 루블료프의 그림 〈삼위일체〉에서 볼 수 있듯이, 하나님은 우리와 '함께' 거하시는 존재 자체로 다가오십니다. 이것이 우리를 향한 하나님의 진심입니다.

그럼 이제 톨스토이의 작품 《사람은 무엇으로 사는가》의 원래 제목이 《사람은 무엇으로 살아 있는가》임을 염두에 두고 이야기를 읽어볼까요?

사람은 무엇으로 사는가? (1881) 〈사랑〉

> 사랑하는 자들아 우리가 서로 사랑하자. 사랑은 하나님께 속한 것이니 사랑하는 자마다 하나님으로부터 나서 하나님을 알고 사랑하지 아니하는 자는 하나님을 알지 못하나니 이는 하나님은 사랑이심이라.
>
> - 요한일서 4장 7~8절 -

> 하나님이 우리를 사랑하시는 사랑을 우리가 알고 믿었노니 하나님은 사랑이시라. 사랑 안에 거하는 자는 하나님 안에 거하고 하나님도 그 안에 거하시느니라.
>
> - 요한일서 4장 16절 -

제화공 세몬은 가족과 한 농부의 집에 세 들어 살고 있었다. 형편이 어려워 신발 만드는 일로 겨우 생활을 이어갔다. 세몬에겐 아내와 함께 입는 털외투 하나가 있었는데 그것마저 너무 닳고 해진 상태였다. 그래서 양가죽을 사서 새 외투를 만들어야겠다고 생각했다. 가을이 되어 아주 적은 돈이나마 모이게 됐다.

"이 3루블에 농부들한테서 받을 5루블 20코페이카를 보태면 양가죽을 살 수 있어."

세몬은 셔츠 위에 아내의 무명 웃옷을 입고, 그 위에 모직 외투를 걸치고, 나무를 꺾어 지팡이를 만들고, 아침을 먹은 후 마을로 출발했다. 농부의 집에 도착하자 농부의 아내가 지금은 돈이 없다고, 다음 주에 주겠다고 했다. 다른 농부도 하늘에 맹세코 돈이 없다고 했다. 그러면서 부츠 수선비로 20코페이카를 건넸다. 세몬은 할 수 없이 외상으로 가죽을 사려고 했지만, 가죽 장수는 그를 믿어주지 않았다.

울적해진 그는 20코페이카로 술을 마셨고, 가죽은 구하지 못한 채 집으로 향했다. 한 손으론 지팡이를 땅에 두드리며, 또 한 손으론 수선 맡은 부츠를 흔들어대며 혼잣말을 중얼거렸다.

"털외투는 없어도 돼. 술을 마셨더니 몸에서 열이 나네. 그래, 난 털외투 없어도 괜찮아, 아내는 무척 속상하겠지만. 이놈들이 돈도 안 주고 날 업신여기다니! 너희는 빵도 직접 만들어 먹지만, 난 다 사 먹어야 돼. 어서 내 돈 내놔!"

길을 가던 제화공이 길모퉁이의 작은 예배당에 다다랐다. 그런데 예배당 옆에 알몸으로 기대어 앉은 사람이 보였다. 세몬은 덜컥 겁이 났다.

'누가 사람을 죽여서 여기에 버렸나 봐. 괜히 가까이 갔다가 나도 나쁜 일을 당할 수 있어. 저 사람이 아직 살아있다 해도 알몸이잖아. 내 옷을 벗어줄 수도 없고. 나더러 어쩌라고. 그냥 가자!'

세몬은 걸음을 재촉했다. 하지만 이내 양심의 가책을 느끼고는 그 사람에게 되돌아갔다.

'사람이 화를 당해서 죽어가는데, 내가 무슨 부자라도 돼? 겁먹고 도망치다니. 빼앗길 물건이라도 있어? 이건 옳지 않아!'

그 사람은 건장한 젊은이였고, 몸은 맞은 흔적 없이 깨끗했다. 하지만 추위에 얼고 겁을 먹어 꼼짝도 하지 않았다. 세몬이 그에게 다가가 외투를 벗으며 말했다.

"동생, 얼른 이거 입어, 얼른! 자, 이 부츠도 신고!"

그러자 그가 정신을 차린 듯 고개를 들고 세몬을 쳐다봤다. 세몬은 그 눈빛에 이 사람이 좋아졌다. 세몬이 그를 데리고 집으로 가며 물었다.

"동생은 어디서 왔어? 어쩌다 이렇게 됐어? 사람들한테 해코지당한 거야?"
"아니에요, 하나님께 벌 받은 거예요."
"그래, 그럴 수 있지. 어쨌든 우리 집에 가서 몸 좀 추슬러."

세몬은 아내 마트료나를 떠올리자 서글퍼졌다. 가죽도 못 사고 웬 낯선 사람까지 집에 데려가니 아내가 화낼 게 뻔했다. 하지만 예배당 앞에서 나그네가 자신을 바라본 눈빛이 떠오르자 걱정은 사라지고 가슴이 기뻐 뛰었다.

집안일을 마친 마트료나는 남편의 셔츠를 깁기 시작했다. 새 외투를 만들 생각에 마음이 들떴지만, 한편으론 남편이 가죽 장수에게 속지는 않았을지, 어디서 또 술을 마시고 있진 않을지 걱정됐다. 그때 현관에서 소리가 났다. 나가보니 세몬이 술기운을 풍기며 빈손으로 들어왔고, 옆엔 웬 낯선 사람이 자신들의 외투를 걸치고 있었다. 마트료나는 남편이 태연하게 저녁상을 차리라고 하자 화가 솟구쳤다.

"술꾼들한테 내줄 저녁은 없어! 이 벌거숭이는 누구야? 양가죽은 어쩌고 이런 뜨내기를 데려와! 돈은 어쨌어? 그 돈을 정말 술로 다 날렸어?"
"말조심해, 마트료나. 돈은 여깄어. 농부들한테 돈을 못 받아서 가죽을 못 샀어."

세몬은 어디서 어떻게 나그네를 만났는지 아내에게 이야기했다. 마트료나는 한바탕 욕을 퍼붓고 싶었지만, 고개를 숙인 채 꼼짝없이 앉아 있는 나그네를 보고는 입을 다물었다. 세몬이 말했다.

"하나님이 날 이 사람한테 보내셨으니 망정이지, 안 그럼 얼어 죽었을 거야. 마트료나, 당신 마음속엔 하나님이 안 계셔?"

이 말을 들은 마트료나는 다시 나그네를 쳐다봤고, 이내 측은한 마음이 들며 나그네가 좋아졌다. 그러자 갑자기 나그네도 고개를 들더니 그녀를 향해 미소 지었다. 마트료나는 마지막 남은 빵으로 저녁을 차리고, 나그네에게 입을 옷도 건넸다. 한편 내일 먹을 빵이 없다는 생각에 슬퍼졌다. 하지만 나그네가 미소 지었던 걸 떠올리자 가슴이 기뻐 뛰었다. 잠자리에 누운 부부는 짧은 대화를 나눴다.

"내일 먹을 빵이 없어. 옆집 아줌마한테 부탁할까 봐."
"걱정마, 어떻게든 먹고살아."
"우리는 이렇게 베푸는데, 왜 우리한테는 아무도 안 베풀까?"

세몬은 무슨 말을 해야 할지 몰라서 "그만 얘기해."라고 하고는 잠을 청했다.

다음 날 아침 세몬은 나그네와 이야기를 나누며 그의 이름이 미하일이란 걸 알게 됐다. 갈 곳이 없는 미하일은 세몬의 집에 머물며 신발 만드는 법을 배우기로 했다. 그는 무엇을 가르쳐주든 금세 배웠고, 사흘째부터는 신발을 만들 수 있게 됐다. 미하일은 열심히 일했으며, 일이 없을 땐 조용히 위만 올려다봤다. 말수도 적고 웃지도 않았다. 그런데 그의 솜씨가 얼마나 좋은지 곧 칭찬이 두루 퍼졌고, 세몬네 집에서 신발을 맞추는 사람이 늘어났다. 세몬은 미하일 덕분에 수입이 늘기 시작했다.

어느 겨울날 삼두마차가 세몬의 집 앞에 멈춰 서더니, 비대한 몸집의 귀족이 마부의 시중을 받으며 마차에서 내렸다. 귀족이 아주 비싼 독일제 가죽을 세몬에게 건네며 말했다.

"이 가죽으로 내 발에 맞는 부츠를 만들어 봐. 1년을 신어도 뒤틀리지 않고 터지지 않도록 잘 만들어야 해. 그렇게 할 자신이 있으면 주문받고, 안 그럼 아예 주문받지 마. 튼튼히 잘 만들면 수고비로 10루블을 주겠네. 하지만 1년이 안 돼서 터지거나 뒤틀리면 내 자넬 감옥에 넣어버릴 거야."

세몬은 겁이 났지만, 미하일을 믿고 일을 맡기로 했다. 귀족의 치수를 재던 세몬이 미하일을 돌아봤다. 그런데 미하일이 귀족이 앉은 방구석을 물끄러미 보더니 갑자기 활짝 미소 지었다. 귀족이 떠나자 미하일은 귀족의 치수를 받아 신발을 만들기 시작했다. 가죽을 두 겹으로 접어서 둥그렇게 자르고 실 한 가닥으로 꿰맸다. 새참 무렵이 되어 신발이 완성됐다. 그런데 부츠가 아니라 실내화였다. 세몬은 아연실색하며 미하일을 야단쳤다.

"그동안 실수 한 번 안 하던 자네가 웬일이야? 귀족이 부츠를 주문했잖아? 이 비싼 가죽을 망치다니, 날 죽일 셈이야!"

그때 아까 그 귀족의 하인이 세몬의 집으로 급히 들어왔다. 주인이 집으로 가는 길에 마차 안에서 죽었다며, 부츠는 필요 없으니 그 가죽으로 고인에게 신길 실내화를 만들어달라고 했다.

그러자 미하일은 이미 만들어놓은 실내화를 하인에게 건넸다.

시간이 흘러 미하일은 벌써 6년째 세몬의 집에서 살았다. 그는 열심히 일만 할 뿐 어딜 가지도 않고, 말도 거의 없고, 웃지도 않았다. 여태껏 단 두 번 미소 지었을 뿐이었다. 첫날 마트료나가 저녁을 차려줬을 때, 그리고 귀족이 부츠를 주문하러 왔을 때였다. 세몬은 미하일이 있어서 더없이 좋았지만, 갑자기 떠나지 않을까 걱정되기도 했다. 한번은 한 단정한 부인이 쌍둥이 여자애 둘을 데리고 세몬의 집에 왔다. 아이들은 서로 똑 닮아서 구별하기 어려웠는데 한 아이는 왼쪽 다리를 절었다. 여자는 아이들에게 신길 구두를 주문했다. 그런데 미하일이 하던 일을 멈추고 두 아이를 뚫어져라 쳐다봤다. 세몬은 그런 미하일을 보며 깜짝 놀랐다. 쌍둥이 애들이 아주 귀엽고 예쁘지만, 미하일이 왜 일도 안 하고 애들만 보고 있는지 이해할 수 없었다.

세몬이 아이의 발 치수를 재며 물었다.

"근데 이 애는 어쩌다 발이 이리 뒤틀리게 됐어요?"

그러자 여자가 자신의 이야기를 들려주기 시작했다.

그 아이들은 그녀의 친자식이 아니라 이웃집 아이들이었다. 쌍둥이 아버지는 숲에서 일하다 나무에 깔려 죽었고, 어머니도 쌍둥이를 출산한 직후 죽었다. 그러자 마을 사람들과 의논한 끝에 아기를 낳은 지 얼마 안 된 그녀가 쌍둥이를 맡기로 한 것이다. 여자는 그렇게 아이 셋을 젖 먹이기 시작했다. 하나님의 은혜로 풍족한 환경에서 아이 셋을 키웠으나, 정작 친아들은 두 살이 안 되어 세상을 떠났다. 그리고 더는 하나님이 그녀에게 아이를 주지 않으셨다.

"이 애들마저 없었다면 저는 정말 힘들었을 거예요! 제겐 더없이 사랑스럽고 귀한 애들이에요!"

여자가 절름발이 아이를 꼭 끌어안고 눈물을 훔치며 말했다. 그러자 조용히 듣고 있던 마트료나가 말했다.

"괜히 그런 속담이 있는 게 아니네요. 사람이 아버지 어머니 없이 살 수는 있어도, 하나님 없이는 못 산다고 하잖아요."

세몬과 마트료나는 여자와 쌍둥이 소녀들을 배웅하고 미하일을 돌아봤다.

미하일은 두 손을 무릎 위에 올리고 앉아서 위를 올려다보며 미소 짓고 있었다. 세몬이 미하일에게 다가와 말했다.

"자네 오늘따라 정말 왜 그래?"

그러자 미하일이 일어나서 주인 내외에게 인사하며 말했다.

"이제 떠날 때가 된 것 같아요. 하나님이 절 용서하셨으니, 당신들도 용서해 주세요."

순간 미하일에게서 빛이 났다. 더욱 궁금해진 세몬이 다시 물었다.

"자네는 평범한 사람이 아니야. 언제까지 붙잡아 둘 순 없겠지. 한 가지만 말해줘. 여태까지 자네가 웃은 건 딱 세 번뿐이었네. 처음에 마트료나가 저녁을 차려줬을 때, 그리고 귀족이 부츠를 주문했을 때, 그리고 오늘 쌍둥이랑 여자가 왔을 때. 게다가 지금은 몸에서 빛이 나고 있어. 왜 그런 건가? 왜 세 번 웃은 거야?"

그러자 미하일이 사실대로 이야기해줬다. 그는 원래 하늘의 천사였는데, 여자의 영혼을 데려오라는 하나님의 명령을 받았다. 그 여자의 남편은 며칠 전 죽었고, 돌봐주는 사람도 없이 집에서 혼자 쌍둥이를 낳은 상태였다. 그런데 천사가 자신을 데리러 오자 애원했다. 아이들이 고아가 되면 어떻게 살 수 있겠냐는 말에 천사는 그녀의 영혼을 취하지 않고 하늘로 돌아갔다. 그러자 하나님께서 천사에게 명령하셨다.

"어서 가서 산모의 영혼을 취하고 세 가지를 알아내거라. 사람들 속에 무엇이 있는지, 사람들에게 무엇이 주어지지 않았는지, 그리고 사람들이 무엇으로 인해 살아 있는지. 다 알아내거든 하늘로 돌아오거라."

천사는 다시 땅으로 내려와 여자의 영혼을 취했다. 그러자 여자의 몸이 쓰러졌고, 한 아이를 덮쳐서 발이 비틀어졌다. 천사는 영혼을 가져가려고 마을 위로 날아올랐으나, 바람에 날개가 꺾이고 떨어져 나갔다. 그는 사람이 되어 추위와 배고픔에 떨다가 예배당을 발견했다. 하지만 예배당은 잠겨 있었고 그는 알몸으로 예배당 옆에 앉아 있었다. 미하일이 그때를 떠올리며 말했다.

"그런데 당신이 혼잣말로 어떻게 먹고살지, 추운 겨울에 뭘 입을지 걱정하는 소리가 들렸어요. 나를 발견하고도 그냥 지나가는 당신의 얼굴에서 죽음의 기운이 보였어요. 그래서 난 도움을 받지 못할 거라고 생각했죠. 그런데 당신이 돌아와서 내게 옷을 입히고 같이 집으로 가자고 했어요. 당신의 얼굴엔 아까와 달리 생기가 돌고 하나님의 모습이 보였어요. 집에 오자 마트료나가 험한 말을 했지요. 죽음의 기운이 마트료나의 입에서 흘렀고, 나는 죽음의 악취에 숨을 쉴 수 없었어요. 그런데 당신이 마트료나에게 하나님에 대해 말하자, 그녀가 바로 달라졌어요. 얼굴에서 생기가 돌고 하나님이 보였지요. 그 순간 나는 사람들 속에 사랑이 있다는 걸 깨달았어요. 하나님께서 알아내라고 하신 첫 번째 말씀을 알아내서 너무 기뻐서 웃었어요. 그리고 1년 후 한 귀족이 와서 1년을 신어도 터지지 않고 뒤틀리지 않는 부츠를 만들라고 했지요. 근데 죽음의 사자인 내 동료가 그 사람 등 뒤에 있는 게 보였어요. 난 귀족이 저녁 무렵 죽을 거란 걸 알고 실내화를 만들었어요. 그때 깨달았지요. 사람들에게 주어지지 않은 것은 진정으로 자신에게 필요한 게 무엇인지 아는 것이에요. 미래에 무슨 일이 있을지 모르기 때문이지요. 난 하나님의 두 번째 말씀을 알아내고, 또 내 동료를 보게 되어 기뻐서 웃었어요. 그리고 마지막으로 오늘 사람들이 무엇으로 인해 살아 있는지 알게 됐어요. 그건 사랑이에요. 다른 사람들을 가엾게 여기고 사랑하는 마음이지요. 고아가 돼버린 쌍둥이는 오늘 왔던 여자에게 사랑이 없었다면 살아남지 못했을 것이고, 저 역시 당신과 마트료나의 사랑이 없이는 살아남지 못했을 거예요. 그러니 사람들은 사랑으로 인해 살 수 있는 겁니다. 사랑 안에 있는 사람은 하나님 안에 있고, 하나님도 그 사람 안에 계십니다. 하나님은 사랑이기 때문입니다."

미하일이 이야기를 마치자 그의 어깨에서 날개가 펼쳐지며 천사로 변했다. 그러자 세몬의 통나무 집이 흔들리며 땅에서 하늘까지 불기둥이 솟아올랐다. 천사는 하나님을 찬양하며 하늘로 올라갔다.

Q1 요한일서 4장 7~8절, 16절에서 말하는 '사랑'을 우리는 일상에서 어떻게 나타낼 수 있을까요?

Q2 야로센코의 그림 '삶은 어디에나'에서 보이는 사랑의 모습을 우리는 어떻게 실천해 볼 수 있을까요?

Q3 톨스토이의 작품에서 천사가 깨달은 사랑의 의미를 우리는 어떻게 적용하고 확대할 수 있을까요?

성경의 창문

톨스토이의 단편을 보면 눈에 들어오는 특징이 있습니다. 작품의 앞부분에 관련된 성경 구절을 제시한다는 점이지요. 톨스토이는 성경을 구체적으로 세상에 제시하기 위해 단편들을 썼습니다. 《사람은 무엇으로 사는가》에서 제시하는 구절은 요한일서입니다. '요한일서'는 사도 요한이 그 당시의 영지주의자들을 대항하기 위해서 썼던 서신입니다. 영지주의(Gnosticism)는 초대교회를 혼란스럽게 했던 이단으로, 특정 지식을 알아야만 구원받을 수 있다고 주장했습니다. 이에 대해 사도 요한은 요한일서를 통해 중요한 것은 단순히 지식을 아는 것이 아니라, 그 지식이 '사랑'으로 나타나야 한다는 점을 강조했습니다. 그런 면에서 천사 미하일이 벌거벗은 채 문이 잠긴 교회 옆에 웅크리고 있던 모습을 떠올려 봅시다. 이를 통해 톨스토이는 사랑을 실천하지 않는 교회를 비판한 것은 아닐까요?

 역사의 창문, 데카브리스트

'데카브리스트'는 1825년 12월에 러시아에서 최초의 근대적 혁명을 꾀했던 자유주의자들을 가리키며, 러시아어로 12월을 뜻하는 단어에서 유래되었습니다. 19세기 러시아 역사와 작품을 이해하는 가장 중요한 사건이 바로 이 〈데카브리스트의 난〉입니다.

데카브리스트의 반란(1853), 바실리 팀 作

1721년에 제정 러시아가 출범했지만, 러시아 사회는 서유럽에 비해 무척 폐쇄적이었고, 시대에 뒤떨어졌습니다. 영국은 산업혁명을 일으켰고, 프랑스는 대혁명으로 근대화에 접어들었지만 러시아는 여전히 전제정치와 농노제도를 유지하고 있었습니다. 1812년에 나폴레옹이 모스크바를 침공했을 때, 러시아는 극적으로 프랑스 군대를 막아냈지만, 러시아 장교들과 지식인들은 서유럽의 근대화를 피부로 체감했습니다.

러시아의 지식인들은 신분제도와 농노제도를 폐지하고 근대화를 이뤄야 한다고 주장했습니다. 1825년 12월 1일에 황제 알렉산드르 1세가 사망하고, 후임의 공백이 생기자, 젊은 장교들을 중심으로 12월 14일에 반란이 일어납니다. 그러나 이들의 계획은 후임 황제 니콜라이 1세의 귀에 들어가게 되었고, 혁명군들은 손쉽게 제압되었습니다. 주동자 5명은 교수형에, 116명은 시베리아 유배형에 처해졌습니다.

데카브리스트의 난을 진압한 니콜라이 1세는 오히려 지식인들을 감시, 탄압하고, 농노제도를 더욱 확고히 했습니다. 이런 시대에 알렉산드르 푸시킨은 작품을 통해 자유의 생각을 전했고, 니콜라이 고골은 혹독한 시대를 비판했습니다. 이들은 톨스토이, 도스토옙스키 같은 문학가와 여러 화가에게 영향을 주었습니다. 이런 경직되고 암울한 역사적 배경을 이해한다면 러시아 작품들을 감상하는 데 도움이 될 것입니다.

데카브리스트 기념비
이 자리에서 1826년 7월 13(25)일에 데카브리스트들이 처형되었다. 페스텔, 를리예프, 카홉스키, 무라비요프-아포스톨, 베스투제프-류민.

2과
희락
(Joy)

볼가강의 배 끄는 인부들 (1870~1873)

일리야 레핀(1844~1930) 作

2과 희락(Joy)

러시아의 대표적인 화가 일리야 레핀은 톨스토이를 모델로 하는 가장 많은 그림을 그렸습니다. 그만큼 톨스토이를 존경했고, 그의 영향을 받았기 때문입니다. 〈볼가강의 배 끄는 인부들〉은 학생이었던 레핀이 위대한 화가로 도약할 수 있었던 작품이었습니다. 레핀은 볼가강에서 이 사람들을 우연히 보고 큰 충격을 받았습니다. 동시에 현실에서 벌어지는 일을 자각하게 되었습니다. 이 그림은 자연을 관찰해서 그린 풍경화나 정물화가 아닙니다. 이 사람들을 향한 레핀의 진심이 드러난 그림입니다. 그래서 러시아 사람들은 레핀을 위대한 화가로 부릅니다. 걸작이란, 형형색색의 화려한 색을 칠한 작품이 아닙니다. 카메라처럼 대상을 똑같이 표현한 그림도 아닙니다. 걸작은 누군가의 마음을 움직이고 사로잡는 힘을 가진 그림입니다. 우리는 이러한 그림을 그린 작가를 위대한 화가라고 부릅니다.

이 그림을 관찰해 볼까요? **배를 끌고 있는 강변의 사람들**, 그들의 몸짓, 눈빛에서 무엇이 느껴지나요? 이 사람들은 멀리 있는 배보다 열등한 존재처럼, 심지어 가축처럼 보입니다. 이것이 러시아 사회의 냉엄한 현실이라는 것을 일리야 레핀은 직시했습니다. 레핀은 이런 현실에서 그들의 영혼을 보았습니다.[6]

당시 러시아 정교회는 소위 '정통 교회'라고 자부하면서, '한 영혼이 천하보다 귀하다'라는 말을 했을 텐데, 과연 러시아 정교회는 이런 사람들의 영혼을 보고 있었을까요? 일리야 레핀은 11명의 인부들 중에서 **가장 앞에 선 인물의 얼굴**을 사제 카닌의 모습으로 그렸습니다. 카닌은 권력과 제도로 인해 생명력을 잃은 러시아 정교회에 맞서다가 파문을 당했

---

6) 일리야 레핀, 〈천 개의 얼굴, 천 개의 영혼〉 p.30.

던 인물입니다. 일리야 레핀은 이런 구도로 그림을 그리면서 당시 러시아를 떠받치는 러시아의 참된 영혼을 표현하려고 했습니다. 비평가 스타소프는 이 그림을 보면서 이 사람들은 러시아 전역의 인간들을 축소한 모자이크와 같다고 말을 할 정도였습니다.[7]

그렇다면 희락, 진정한 기쁨이란 무엇일까요? 돈과 즐거움에 취하는 쾌락을 '기쁨'이라고 말하지는 않습니다. 하나님의 손길을 느낄 때 얻는 영적인 감정을 말합니다. 어쩌면 이 사람들을 아무런 감정 없이, 혹은 기계나 짐승처럼 대체할 수 있는 대상으로 볼 수도 있습니다. 그러나 그 영혼을 보며 아파하고, 공감하며, 애정의 마음을 품게 되는 것이 바로 하나님의 손길이 우리 속에서 만들어가는 성품입니다. 그것이 **진정한 '기쁨'**이 아닐까요? 그 기쁨의 결과는 단순한 감정적인 만족감에서 끝나지 않습니다.

다음은 역시 일리야 레핀의 그림 〈야이로의 딸을 살리시다〉입니다. 레핀은 이 그림으로 졸업 작품전에서 금상을 수상하며 최고의 화가로 발돋움했습니다.

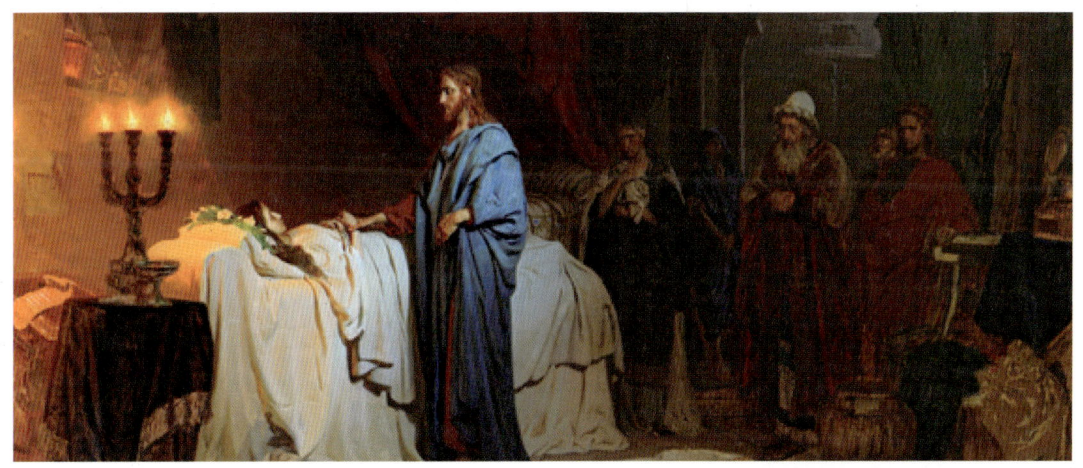

야이로의 딸을 살리시다(1871), 일리야 레핀 作

---

7) 일리야 레핀, 〈천 개의 얼굴, 천 개의 영혼〉 p.30.

죽은 야이로의 딸을 살리는 그리스도의 모습에서 우리는 환희를 느낍니다. 누군가의 영혼을 헤아리고 공감하는 진심이 바로 **하나님의 '기쁨'**이기에, 이런 진심에서 누군가의 영혼이 살아나는 기적이 생길 겁니다. 다음 그림도 일리야 레핀의 그림입니다.

쟁기꾼. 밭을 가는 톨스토이(1887), 일리야 레핀 作

레핀의 눈에 비친 톨스토이입니다. 톨스토이가 위대했던 것은 '글재주'가 뛰어났기 때문이 아니라, 타인을 향한 하나님의 성품을 글로 표현했기 때문입니다. 당시 성직자들이 볼가강의 인부처럼 일하거나, 그들과 삶을 나누는 것을 상상할 수 있었을까요? 볼가강의 인부들이나 농노들은 억압받던 사람들이었지만, 톨스토이는 친히 그들과 같은 시선을 갖고 있었습니다.

배 끄는 인부의 모습으로 사제 카닌을 표현한 레핀은 존경받는 대문호 톨스토이가 농부가 되어 밭을 가는 모습도 그렸습니다. **'다른 사람들과 기꺼이 함께하며 같은 시선을 갖는 것'**. 바로 이

것이 성령의 열매가 아닐까요? 도스토옙스키는 이 그림을 보며 신문에 이렇게 썼습니다.

"우리 사회는 농노들, 노동자들에게 참 많은 빚을 지고 있다. 우리에겐 이러한 마음이 있을까? 톨스토이는 이런 빚진 마음을 누구보다 절실히 갖고 있었기에 그로부터 위대한 문학이 탄생할 수 있었다."

진정한 기쁨을 반영하는 작품이 톨스토이의 《일리야스》입니다. 그렇다면 작품 속으로 들어가 볼까요?

톨스토이와의 대화

일리야스 (1885) 희락(기쁨)

> 하나님의 나라는 먹는 것과 마시는 것이 아니요,
> 오직 성령 안에 있는 의와 평강과 희락(기쁨)이라.
>
> - 로마서 14장 17절 -

　우파라는 곳에 바시키르 사람 일리야스가 살았다. 그는 물려받은 재산은 적었지만, 이른 아침부터 저녁 늦게까지 아내와 함께 열심히 일했다. 그렇게 35년을 지내자 큰 부자가 되었다. 이제 일리야스에겐 말 200마리, 소 150마리, 양 1,200마리가 있었다. 지역 사람들 모두 일리야스의 풍족한 삶을 부러워했고, 멀리서도 그의 소문을 듣고 손님들이 많이 찾아왔다. 일리야스 부부는 누가 오든 좋은 음식을 풍성히 대접했다. 때가 되어 일리야스의 두 아들과 딸 모두 혼인했다. 그런데 열심히 일하던 아들들은 부자가 되자 방탕하게 살기 시작했다. 그러던 중 큰아들은 술을 마시고 싸우다가 죽었고, 작은아들은 아버지의 말을 거역하고 아내와 먼 지방으로 떠나 버렸다.

　일리야스의 재산은 자녀들을 혼인시키고 분가시키면서 줄어들었다. 그런데 얼마 지나지 않아 전염병으로 가축이 떼죽음을 당하고, 그 후엔 흉년으로 풀이 나지 않아서 가축들이 말라 죽었다. 또 그 후엔 이웃 지방 사람들이 가축을 약탈하기 시작했다. 일리야스의 재산은 점점 줄어만 갔고, 몇 마리 남은 가축과 살림을 팔아 생계를 이어가야만 했다. 급기야 70세가 됐을 때는 그가 가진 거라고는 입고 있는 옷과 신발, 그리고 아내뿐이었다. 막내딸도 세상을 떠나서 노부부를 돌볼 사람이 없었다.

그러자 무하메드샤라는 이웃이 이들을 돕기로 마음먹었다. 부유하진 않지만 착하고 성실하게 살았던 그는 노부부를 자기 집으로 불러들였다. 이제 일리야스와 아내는 이웃집의 일꾼이 되어 살기 시작했다. 처음엔 일하는 게 힘에 부쳤으나 이내 익숙해졌고, 큰 재산을 경영했던 경험을 살려 열심히 일했다.

어느 날 무하메드샤에게 먼 곳에서 손님들이 찾아왔다. 무하메드샤는 일리야스에게 양을 잡아 손님들을 대접하라고 지시했다. 주인과 손님들은 푹신한 방석에 앉아 이야기를 나누었다. 주인이 손님에게 말했다.

"저기 저 노인이 일리야스라네. 자네도 들어봤지? 우리 지방에서 제일 큰 부자였는데 지금은 우리 집 일꾼으로 지내."
"저런, 행복과 불행이 수레바퀴처럼 도는구먼. 옛날이 얼마나 그리울까?"

손님이 안타까워하며 말했다. 그러자 무하메드샤가 대답했다.

"글쎄, 그런 내색은 안 해. 그냥 조용히 지내. 일도 잘하고."
"저 노인과 얘기 좀 나눠도 될까? 인생에 관해 묻고 싶은데."

손님의 요청에 무하메드샤가 일리야스를 불렀다.

"일리야스, 이리 좀 들어와 봐요. 할멈도 부르고."

일리야스가 아내와 함께 안으로 들어와 한 편에 앉았다. 손님이 일리야스에게 마유주를 따라 주며 물었다.

"할아버지, 행복했던 옛날이 그립지 않소? 대단한 부자로 살다가 이젠 이렇게 불행하게 됐으니, 속이 참 많이 상하겠어요." 그러자 일리야스가 웃으며 말했다.

"진정한 행복과 불행이 무엇인지 내가 아무리 얘기한들 당신들은 안 믿을 거요. 차라리 내 아내한테 물어봐요. 여자라서 속마음을 다 말해줄 겁니다."

그러자 손님이 일리야스의 아내 샴세마기에게 물었다.

"그럼 할머니가 좀 말해봐요. 예전의 행복과 지금의 불행을 어떻게 생각하고 있어요?"
"저 사람과 나는 50년을 같이 살며 행복을 찾으려 노력했지만 못 찾았어요. 근데 아무것도 안 남고 남의 집 일꾼으로 지내는 지금이야말로 아주 행복해요. 그러니 이 이상 필요한 게 없지."

"아니, 그 큰 재산을 다 잃었는데 뭐가 그리 행복해요?"
"우린 부자긴 했지만, 신경 쓸 일이 얼마나 많던지 마음이 즐겁진 않았어요. 서로 얘기할 시간도 없고, 영혼에 대해 생각하거나 하나님께 기도할 시간도 없었지요. 그저 분주히 살았어요. 손님이 오면 행여 안 좋은 소리 들을까 봐 대접하느라 바쁘고, 손님이 가면 일꾼들 감시하느라 바쁘고. 뭐라도 없어질까, 누가 뭘 훔치진 않나 항상 의심하면서 마음으로 죄를 지었어요. 밤에 누우면 도둑이 들지 않을까, 들짐승이 가축을 해치지 않을까, 겨울에 먹일 사료는 어떻게 준비하나 걱정 때문에 잠이 안 왔어요. 그리고 저 사람과 나는 의견이 안 맞아서 다툴 때도 많았다오. 그렇게 걱정만 하며 죄짓고 살았으니, 행복한 생활이 뭔지 알았겠어요?"

"그럼 지금은 어때요?"
"지금은 남편이랑 한마음이 되어 지내지요. 더는 다투지 않고 차분히 이야기 나눠요. 영혼에 대해 생각하고 하나님께 기도할 시간도 있지요. 먹고 입을 것, 누울 자리가 있으니 더는 필요한

게 없어요. 오로지 신경 쓸 일은 주인을 섬기는 것뿐이에요. 주인에게 득이 되도록 즐거운 마음으로 열심히 일하고 있어요. 50년이나 행복을 찾았는데 빈털터리가 돼서야 찾았네요."

샴세마기의 말에 손님들은 크게 웃었다. 그러자 일리야스가 말했다.

"이것이 바로 인간의 삶이라오. 나랑 할멈은 어리석어서 처음엔 재산을 잃고 울었지만, 이젠 하나님께서 진실을 보게 해주셨지요. 당신들도 진실을 볼 수 있길 바랍니다."

손님들은 웃음을 멈추고 생각에 잠겼다.

성경과의 대화

Q1 일상에서 로마서 14장 17절에서 언급하는 '희락(기쁨)'을 느껴본 적이 있나요?
어떤 상황이었는지 자세히 설명해 볼까요.

Q2 톨스토이의 작품에서 "일리야스"가 발견한 기쁨과 유사한 경험이 있나요?
어떤 상황에서 그런 기쁨을 느꼈나요?

Q3 일리야 레핀의 작품을 통해 본 '기쁨'을 우리 주변에 퍼뜨리기 위해 할 수 있는 구체적인 행동은 무엇일까요?

성경의 창문

로마서는 바울의 마지막 서신 중 하나입니다. 당시 로마의 그리스도인들은 '신앙'을 가졌다는 이유로 많은 핍박과 어려움을 겪어야 했습니다. '카타콤'이라고 들어봤나요? '카타콤'이란 로마의 지하 무덤을 말하는데요, 길이가 무려 수백㎞에 달합니다. 신앙을 지키기 위해서 카타콤에서 살아가며 예배하던 사람들도 있었으니까요. 바울은 로마서 14장 17절에서 하나님이 함께 하신다면, 그리스도를 통한 의로움을 깨닫게 되고, 그것을 통해 평강을 얻으며, 나아가서는 기쁨(희락)을 가진다고 합니다. 어떻게 기쁨을 가질 수 있을까요? 누군가를 '진실로' 이해하는 것에서 그 기쁨은 비롯됩니다.

카타콤

역사의 창문, 제정 러시아

제정 러시아는 1721년에 표트르 1세가 차르(황제)에 오르면서 시작되었고, 1917년 볼셰비키 혁명으로 막을 내렸습니다. 표어는 "하나님께서 우리와 함께 계시노라"이고, 국가(國歌)의 제목은 "하나님, 차르를 지켜 주소서"입니다. 1453년에 동로마 제국이 멸망을 당했을 때, 제정 러시아의 전신 '모스크바 공국'의 이반 3세는 동로마의 마지막 황녀를 아내로 맞이했습니다. 또한 동로마의 수도 콘스탄티노플이 무너지면서 모스크바의 주교좌가 독립했고 러시아 정교회로 발돋움했습니다. 자연스럽게 모스크바는 제3의 로마라는 인식이 생겨났습니다. 그러나 이때까지 '차르', '정교회'는 국내에서만 인정된 내용이었고, 1721년 표트르 1세부터 정식으로 '러시아 제국'이라는 국호를 정해서 약 200년간 명맥을 유지했습니다. 그러나 1905년에 입헌 군주제가 수립되었지만, 제대로 기능을 하지 못하면서 1917년에 볼셰비키 혁명으로 이어지게 되었습니다.

표트르 1세

3과

화평
(Peace)

식사 (1865~1876)

바실리 페로프(1834~1882) 作

3과 화평(Peace) | 61

수도원에 러시아 정교회의 성직자들이 모여 있습니다. 이들은 로마교회의 정통(Orthodox)을 계승했다고 자부하는 종교인들입니다. 이런 사람들이 모였다면 오순절 다락방의 상황을 상상할 수 있지 않을까요? 이 그림에는 의외의 모습이 보입니다. 성직자들의 얼굴과 몸은 기름기로 가득한 비둔한 모습으로, 이미 영적인 권위를 상실한 엘리 제사장처럼 보입니다. 이들의 복장과 권위에는 경건의 '모양'만 있을 뿐 경건의 '능력'을 기대하긴 어렵습니다. 왼편에 웨이터가 포도주를 빨리 따지 않는다고 불같이 화를 내는 성직자부터 술에 취해 인사불성이 되어 누운 성직자도 있습니다. 오른편에 보라색 옷을 입고 들어온 여인은 헌금을 많이 내는 성도입니다. 그 여인은 이곳의 돈줄을 쥐고 있지요. 그 옆에서 굽신거리며 안내하는 성직자의 모습이 '평화'로워 보이나요? 그의 웃음이 성령의 열매의 "화평"이라고 말할 수 있을까요?

여러분들은 '웨이터의 법칙'을 알고 있나요? 자신보다 약한 웨이터나 신분이 낮은 사람들에게 대하는 모습이 그의 진짜 인격을 나타낸다는 법칙입니다. 이 종교인들의 인격을 엿볼 수 있습니다. 안타깝지만 이런 성직자들이 〈볼가강의 배 끄는 인부들〉에 등장하는 사제 카닌과 톨스토이를 파문했었지요. 심지어 이 그림을 그린 바실리 페로프 역시 자신이 어떤 파장을 일으킬지 잘 알면서도 소명을 따라 이 그림을 10년간 그렸습니다. 그렇다면 '화평'이란 무엇일까? 그림 속 성직자들에게서 보이는 태평하고 여유로운 분위기가 화평일까요?

왼편 상단에는 **십자가에 달린 예수님**이 있습니다. **가장 오른편에는 구걸하는 여인과 아이**가 있습니다. 그러나 어느 성직자도 이들에게 관심을 가지지 않습니다. 물론 예수님에게도요.

그 여인의 눈과 손이 향하는 방향으로 일직선을 그어보면 정확하게 그리스도에게 닿아 있습니다. 그 사이를 가로막는 무리들이 성직자들이지요.

'화평'은 히브리어로 '샬롬'입니다. **하나님과 우리 사이의 막힌 담이 제거된 상태**를 말합니다. 그렇다면 무엇이 이 여인의 화평을 막고 있는 걸까요? 소명 의식을 잃어버린 19세기 러시아 교회는 분명히 화평을 가로막던 장애물이었습니다. 21세기의 화평을 가로막는 것은 무엇일까요? 이 그림을 통해 한국교회의 소명이 무엇인지 생각해 볼 수 있습니다. 누군가와 같은 마음을 품는 것, 그것이 하나님이 우리에게 주신 화평의 시작이고, 타인을 향한 화평의 길이기도 합니다. 바실리 페로프는 타인을 향한 따뜻한 시선을 담아 여러 그림을 그렸습니다. 그의 다른 작품들도 함께 감상해 볼까요?

고인을 배웅하다(1865), 바실리 페로프 作

우리에게 19세기 러시아의 상황은 무척 생소합니다. 그러나 사실주의 화가 바실리 페로프의 그림 속에서 사람들의 눈물과 삶을 엿볼 수 있습니다. 〈고인을 배웅하다〉를 보면 기운을 잃고 힘겨워하는 말의 굽은 등과 어머니의 등이 닮았습니다. 말이 끄는 썰매에는 나무관이 있습니다. 상상해 보세요. 왜 '고인을 배웅하다'일까요? 나무관에는 누가 있을까요? 이 관

속에는 아이들의 아빠가 잠들어 있고, 지금 장례식을 치르러 가고 있습니다. 왜 아빠가 죽었을까요? 나폴레옹이 러시아를 침공했을 때부터, 영국의 나이팅게일이 활약했던 크림 전쟁까지 러시아는 수많은 전쟁을 치렀습니다. '전쟁'을 가동시키기 위해 수많은 남성을 '연료'로 사용했습니다. 이 당시 '아빠'를 잃은 수많은 가족들은 이런 슬픔을 겪었을 겁니다. 과연 러시아 정부는 이런 사람들의 고통을 알고 있을까요? 왜 러시아 성직자들은 이들의 장례 행렬에 동행하지 않은 걸까요? 글쎄요. 이 그림에서는 **강아지 한 마리**만 동행하고 있을 뿐입니다. 우리 주변에 이런 가정들이 얼마나 많을까요? 그런 가정들과 같은 마음을 품는 것이 '화평'의 첫 발걸음입니다.

트로이카. 견습공들이 물을 나르다(1866), 바실리 페로프 作

이보다 1년 후에 그린 〈트로이카〉를 보면 어린아이들의 표정이 훨씬 더 생생합니다. '트로이카'는 삼두마차를 의미합니다. 제목을 〈트로이카〉로 잡은 이유는 남녀노소를 불문하고, 어린아이들마저도 노동과 착취에 동원되어 짐승처럼 살아가는 모습을 보여주려 했기 때문입니다. 세 아이가 고드름이 낀 거대한 물통을 끌고 있고, 뒤의 아이는 쓰러지지 않도록 온 힘을 다해서 밀고 있습니다. 한창 사랑을 받고 성장해야 할 아이들이 추위와 굶주림, 고통에 내몰린 현실은 무척 마음이 아픕니다. 바실리 페로프는 이 그림에서 희망을 표현하고 있습니다. 아이들이 힘겹게 오르막길을 올랐다면 이제 내리막으로 접어드는 '희망' 말이죠. 소외된 사람들을 하나님의 마음으로 보는 시선에서 화평이 드러날 겁니다.

3과 화평(Peace) | 67

바보 이반 (1885) 화평

> 마지막으로 말하노니 형제들아 기뻐하라.
> 온전하게 되며 위로를 받으며 마음을 같이하며 평안할지어다.
> 또 사랑과 평강의 하나님이 너희와 함께 계시리라.
> 거룩하게 입맞춤으로 서로 문안하라.
>
> - 고린도후서 13장 11절 -

옛날 어느 나라에 부유한 농부가 살았다. 농부에겐 세몬, 타라스, 이반 이렇게 세 아들과 말 못 하는 딸 말라냐가 있었다. 세몬은 왕의 군사가 되어 전쟁터에 다녔고, 군 복무로 좋은 관직과 영지를 얻어 귀족의 딸과 결혼했다. 그런데 귀족인 아내가 돈을 허투루 써서 늘 형편이 여유롭지 못했다. 어느 날 세몬은 아버지에게 자신의 몫을 요청했다. 아버지는 막내아들이 열심히 일한 덕분에 늘어난 살림을 첫째가 떼어가는 게 썩 좋지 않았다. 하지만 이반은 흔쾌히 동의했다. 세몬은 고향 집의 살림 일부를 자신의 땅에 옮겨 놓은 후 다시 전쟁터로 떠났다.

둘째 아들 타라스도 장사로 돈을 많이 벌어 상인의 딸과 결혼했다. 하지만 여전히 가진 게 적다고 생각해서 아버지에게 자신의 몫을 요청했다.

"이반은 바보라서 장가도 못 가고, 누이도 말을 못 하니 시집가기는 틀렸어요. 어차피 걔네들은 아무것도 필요 없잖아요."

아버지는 역시 마음이 내키지 않았지만, 이반이 동의하자 둘째 아들에게도 살림의 일부를 내주었다. 이반에게 남은 건 늙은 암말 한 마리가 전부였으나, 그는 예전처럼 농사를 지으며 부모님을 부양했다. 형제들이 재산을 나누며 다투지 않자 이를 지켜본 늙은 악마는 분이 났다. 그래서 새끼 악마 셋을 불러 엄하게 지시했다.

"이게 다 바보 이반 때문이다. 너희가 가서 형제들을 이간질하고 원수가 되도록 만들어라. 알겠느냐?"

새끼 악마들은 형제들을 파산시키기로 했다. 먹을 것도 없게 해서 한집에 모아 놓으면 틀림없이 대판 싸우고 원수가 될 거라고 생각했다. 얼마 후 새끼 악마들이 다시 모여 각자의 진행 상황을 이야기했다. 첫째 악마는 세몬에게 허풍과 용맹심을 불어넣어 온 세상을 정복하겠노라고 맹세하게 했다. 사령관이 된 세몬은 인도를 정복하러 갔다가 패전하고 말았다. 그는 영지를 몰수당하고 곧 처형당할 운명이었다. 그러자 악마가 그를 감옥에서 풀어줘서 아버지 집으로 도망치게 했다. 둘째 악마는 타라스에게 탐심과 시기심을 불어넣어서 남의 재산을 보면 배가 아파 견딜 수 없게 했다. 그는 빚을 내서라도 뭐든 보이는 대로 사들이기 시작했다. 결국 도저히 빚을 갚을 수 없는 상황이 되자 그 역시 아버지 집으로 몰래 도망쳤다. 셋째 악마는 이반이 농사를 제대로 지을 수 없도록 방해했다. 배가 아프게 하고, 밭을 갈지 못하도록 땅을 돌처럼 딱딱하게 만들었다. 하지만 이반은 아픈 걸 참아가며 꿋꿋하게 밭을 갈았다. 이대로 두면 이반이 계속 일하며 형제들을 먹여 살릴 것이니 악마들이 꾸민 일은 허사가 될 게 뻔했다. 그러자 첫째와 둘째 악마가 셋째 악마를 돕기로 했다. 다음날 이반은 또다시 밭을 갈았다. 그러다가 자꾸만 쟁기가 걸려서 밭고랑에 손을 넣었는데 그 속에 숨어있던 새끼 악마를 잡고 말았다. 악마가 살려달라고 애원하자 이반은 그를 놔주었고, 그 대가로 무슨 병이든 낫게 하는 뿌리를 얻었다.

세몬 부부와 타라스 부부가 아버지 집으로 도망쳐왔다. 그들은 이반에게 자신들을 먹여달라고, 또 따로 살 집도 지어달라고 했다. 이반은 흔쾌히 동의했다. 그는 부모님과 형제들을 먹여 살리기 위해 열심히 농사를 짓고, 틈틈이 숲에 가서 집을 지을 나무를 베었다. 그러다가 자신의 일을 방해하는 첫째 악마와 둘째 악마를 잡게 되었다. 이반은 첫째 악마를 살려준 대가로 짚으로 병사를 만드는 법을 배웠고, 둘째 악마를 살려준 대가로 나뭇잎으로 금화를 만드는 법을 알게 됐다. 이 사실을 알게 된 세몬은 이반에게 부탁해서 밀짚으로 수많은 병사를 만들었고 다시 전쟁을 벌이러 떠났다. 타라스 역시 이반이 나뭇잎으로 만들어준 금화 더미를 챙겨서 장사하러 떠났다. 두 형제는 크게 성공해서 자신만의 왕국을 만들어 스스로 왕이 되었다.

이반은 여전히 누이와 농사를 지으며 아버지와 어머니를 부양했다. 어느 날 이반의 마을에 어명이 전해졌다. 공주가 병에 걸렸는데, 누구든 공주를 낫게 하는 자에게는 큰 상을 내리고 공주와 혼인하도록 하겠다는 것이었다. 그러자 이반의 부모가 이반을 불러 말했다.

"너한테 무슨 병이든 고칠 수 있는 뿌리가 있잖니. 가서 그걸로 공주를 고쳐줘. 그럼 너도 평생 행복하게 살 거야."

하지만 이반은 그 뿌리를 몸이 아픈 거지에게 줘버렸고, 그 자신은 빈손으로 왕궁으로 출발했다. 그런데 이반이 왕궁에 발을 들이자마자 공주가 병에서 나았다. 왕은 매우 기뻐하며 이반을 사위로 삼았다. 얼마 지나지 않아 왕이 죽고 이반이 왕이 되었다. 이렇게 세 형제 모두 왕이 되었다. 세몬은 폭군이 되어 나라의 젊은이들을 강제로 징집하고 무력으로 백성들의 재산을 갈취했다. 타라스는 자신의 왕국에 강력한 조세 제도를 갖춘 후 백성들에게서 세금을 어마어마하게 거둬들였다. 이반은 왕이 되었지만, 다시 일하기 시작했다. 아내 역시 이반의 누이 말라냐에게 일하는 법을 배웠다. 백성들은 왕이 바보임을 알아차렸고, 똑똑한 사람들은 전부 떠나고 바보들만 남았다. 이반의 나라엔 돈이 없었고, 모두가 스스로 일했으며 약자들을 먹여 살렸다. 늙은 악마는 새끼 악마들에게서 아무 소식이 없자, 직접 형제들을 처리하러 나섰다. 먼저 군사령관으로 변장한 후 세몬에게 가서 인도 정복을 돕겠다고 했다. 세몬은 새 사령관의 말을 듣고 더 많은 젊은이를 징집하고, 공장을 지어 새 총과 대포를 만든 후 인도를 치러 갔다. 하지만 늙은 악마의 술수로 완전히 패배하여 인도 왕에게 나라를 빼앗겼다.

세몬을 처리한 늙은 악마는 타라스의 나라로 향했다. 그는 상인이 되어 장사를 시작했고, 백성들이 가진 물건과 재산을 아주 비싼 값에 사들였다. 백성들이 세금을 더 많이 내게 되자 타라스는 매우 기뻤다. 하지만 이내 나라의 모든 살림이 상인의 차지가 돼버렸다. 왕궁엔 더는 쌓을 수 없을 만큼 돈이 쌓였지만, 정작 타라스는 자신이 먹을 음식조차 구할 수 없었다. 늙은 악마는 두 형제를 처리하고 이반에게 갔다. 사령관으로 변장한 그는 이반에게 병사들을 모아 군대를 만들게 해달라고 했다. 이반은 허락했으나 백성들이 병사가 되기를 거부했다. 화가 난 늙은 악마는 다른 나라가 이반의 나라를 공격하도록 했다. 군인들이 쳐들어와 마을을 파괴하고, 집과 재산을 불사르고, 가축을 도살했다. 하지만 바보인 백성들은 맞서 싸울 생각도 못 하고 그저 울기만 할 뿐이었다. 군인들은 저항하지 않는 백성들을 보며 수치감을 느끼고는 자진 해산했다.

그러자 늙은 악마는 말쑥한 신사로 변해서 장사를 시작했다. 사람들에게 금화를 보여주며 아무 물건이나 가져오면 금화로 바꿔주겠다고 했다. 사람들은 신사에게서 반짝이는 예쁜 금화를 받아 장신구로 만들고, 장난감으로 가지고 놀았다. 그리고 더는 금화가 필요하지 않았다. 악마의 계획은 또다시 허사가 되었다. 어느 날 배가 고픈 신사가 금화로 음식을 사려고 했다. 그런데 사람들은 금화는 쓸모없으니 다른 물건을 가져오거나 일을 하라고 했다. 그게 싫다면 그리스도를 위해 거저 줄 테니 받으라고 했다. 악마는 금화 외엔 다른 물건도 없고, 일도 하기 싫고, 그리스도의 이름으로 구걸하기는 더욱 싫었다. 사람들은 신사가 굶어 죽을까 걱정되어 이반 왕에게 어떻게 할지 물었다. 이반은 신사가 집집마다 돌며 음식을 얻어먹도록 했다.

하루는 늙은 악마가 음식을 먹으러 이반의 집에 왔다. 그러자 누이 말라냐가 악마의 고운 손을 만져보더니 식탁에서 끌어 내렸다. 이를 본 이반의 아내가 말했다.

"우리 시누이는 손에 굳은살이 없으면 상에 못 앉게 해요. 다른 사람들이 다 먹을 때까지 기다렸다가 남은 걸 드세요."

화가 난 악마는 이반에게 말했다.

"이 나라 사람들은 죄다 멍청해서 손으로만 일을 하네요. 똑똑한 사람들은 머리로 일하는 법이지요. 머리로 일하는 게 쉽진 않지만, 내가 가르쳐 주겠소."

이반은 손으로 일하다 지치면 머리로 일하면 되겠다고 생각했다. 그래서 백성들에게 머리로 일하는 법을 배우라고 지시했다. 신사가 높은 망대에 올라서자 백성들은 그가 어떻게 머리로 일하는지 구경하려고 모여들었다. 하지만 악마는 어떻게 하면 일하지 않고 편히 살 수 있는지 말로만 떠들 뿐이었다. 바보 백성들은 아무것도 이해하지 못했고 이내 흩어져 버렸다. 악마는 그렇게 며칠을 망대에서 말만 했다. 그는 기운이 빠져 몸을 휘청이고 기둥에 머리를 부딪치기 시작했다. 그러자 사람들은 드디어 신사가 머리로 일하기 시작했다며 모여들었다. 이반도 아내와 함께 망대로 달려왔다. 이반이 가까이 오자 악마는 발이 걸려 넘어졌고, 계단에 머리를 박으며 굴러떨어졌다. 이를 본 이반이 놀라 말했다.

"머리로 일하는 게 정말 쉽지 않네. 굳은살은 아무것도 아냐. 저렇게 일하다간 머리에 혹이 나겠어."

신사가 계단 밑으로 떨어지자 땅이 갈라지더니 땅속으로 사라졌다. 이반은 신사가 악마였음을 그제야 깨달았다. 황폐해진 이웃 나라 사람들과 형들이 이반의 나라로 몰려들었다. 이반과 백성들은 그들을 거절하지 않고 모두에게 먹을 것을 주었다. 다만 이반의 나라에는 한 가지 풍속이 있었는데 손에 굳은살이 있는 사람은 식탁에 가 앉게 하고, 굳은살이 없는 사람에겐 먹다 남은 걸 주었다.

성경과의 대화

Q1 고린도후서 13장 11절을 읽고 묵상해 봅시다.
'화평'을 실천하기 위해서 우리는 일상에서 어떤 행동을 할 수 있을까요?

Q2 《바보 이반》의 주인공이 "바보"로 불린 이유는 무엇인가요?
이를 통해 우리가 배울 수 있는 '화평'의 의미는 무엇일까요?

Q3 바실리 페로프의 〈식사〉 그림에서 볼 수 있는 '화평'의 모습을 현대 사회에 어떻게 적용할 수 있을까요?

성경의 창문

바보 이반의 형제들은 욕심 때문에 갈등이 일어날 수 있었지만, 이반이 항상 먼저 양보했기 때문에 실제로 갈등이 생기지는 않았어요. 그래서 사람들은 그에게 '바보'라는 별명을 붙였답니다. 이런 모습과 가장 비슷한 신약 시대의 교회를 꼽으라고 하면 주저 없이 고린도 교회를 꼽을 수 있어요. 고린도는 항구도시였기 때문에 포세이돈을 주신(主神)으로 섬겼고, 활발한 무역과 상업활동으로 아주 부유한 도시였습니다. 역사학자들의 연구에 따르면 고린도의 포세이돈과 아르테미스 신전에서 신탁(神託)을 할 때 사제들이 방언과 통역을 하고, 병을 고치는 일도 행했다고 합니다. 여러분들도 아시다시피 고대 시대에는 질병의 원인을 종교적인 것으로 간주해서 사제들이 해결하기도 했습니다. 흥미롭게도 고린도 교회 또한 방언, 통역, 병 고치는 은사가 굉장히 많았습니다. 하지만 성도들끼리 분쟁이 끊이지 않아서 교회 내부적으로 해결할 수 없었습니다. 결국 법정까지 가서 갈등을 해결해야만 했습니다. 만일 우리가 고린도에 살고 있었다면 고린도 교회가 어떻게 보였을까요? 바울은 고린도 교회가 '교회'로서 구별되기를 바랐습니다. 그래서 고린도전서 13장에서 그토록 '사랑'을 강조했습니다. 고린도후서 13장 11절의 말씀처럼 우리가 서로 마음을 같이할 때 '사랑과 평강'의 하나님이 우리와 함께 하실 겁니다.

 역사의 창문, 러시아 정교회

러시아는 988년에 통치자 블라디미르 1세가 세례를 받고 동방 정교를 받아들이면서 국교를 동방 정교로 삼았습니다. 이후 1453년에 오스만투르크에 의해 동로마가 무너지면서 모스크바 대공 이반 3세는 정교회의 한 주교좌였던 모스크바를 독립시키고 자신들이 정교회의 정통을 이어 나간다고 선언했습니다. 스스로를 '정통(Orthodox)'이라는 의미의 '정교회'라고 부른 것이지요. 그러나 1721년에 제정 러시아를 선언했던 표트르 1세는 러시아 교회를 국가의 세력 아래로 놓았습니다. 즉, 국가가 원하는 대로 성직자들을 세우게 되었습니다. 이에 따라, 19세기에 정치적인 저항이 일어날 때에도 러시아 정교회의 성직자들은 민중들의 소리에 귀를 기울이지 않고 권력의 시녀 노릇을 하고 있었던 것입니다.

스스로를 '정통'이라고 선언한 러시아 정교회의 '주(主)'는 황제일까요, 아니면 하나님일까요? 이 문제는 로마의 압제를 받던 신약 시대나 초대교회 시대에도 발생했던 문제였습니다. 신약 시대에 로마 권력자가 유대의 대제사장과 종교인들을 세웠기에 유대교가 권력의 꼭두각시 노릇을 했던 것과 무척 흡사합니다.

그렇다면 현재 대한민국의 교회는 어떨까요?

모스크바 구세주 그리스도 대성당

4과

오래참음
(Longsuffering)

그림과의 대화

톨스토이 초상화 (1884), "진리란 무엇인가?" 그리스도와 빌라도 (1890), 십자가 (1892)

니콜라이 게(1831~1894) 作

4과 오래참음(Longsuffering) | 79

화가 니콜라이 게는 톨스토이로부터 사상적으로 큰 영향을 받았습니다. 톨스토이를 무척 존경해서 그의 초상화를 그리기도 했지요.

그는 톨스토이를 존경했을 뿐만 아니라 성경의 내용에도 충실했던 종교 화가였습니다. 그의 〈십자가〉라는 그림은 십자가를 우아하고 고상하게만 표현하는 서구 화가들의 그림과는 사뭇 다릅니다. 절규하는 그리스도의 모습을 보면 니콜라이 게가 얼마나 역사 고증에 충실했는지, 그리스도의 고통에 얼마나 큰 연민을 품었는지 느낄 수 있습니다.

그렇다면 〈진리란 무엇인가〉의 그림으로 시선을 옮겨 볼까요? 이 그림은 요한복음 18장을 배경으로 합니다. 빌라도가 예수님을 심문하면서 "진리가 무엇이냐?"고 묻는 장면을 표현한 것입니다. 그러나 19세기 러시아의 현실을 생각한다면 이 그림이 그저 성경의 한 장면을 표현하는 것으로만 보이지 않습니다. 니콜라이 게는 무엇을 말하고 싶었던 걸까요?

렘브란트의 빛과 어둠을 연상시키는 이 그림은 소위 '명암대조법'이라고 하는 키아로스쿠로 기법을 통해 선과 악을 대비시킵니다. 그렇지만 빛이 선으로, 어둠이 악으로 대조되는 상식과 달리 빌라도는 빛을 받고 있고, 예수님은 어둠 속에 있는 구도입니다. 빌라도의 권위 앞에 예수님은 벽에 몰려 있습니다. 이 구도는 우리 마음을 위축시킵니다. 그 시대를 느낄 수 있으니까요. 19세기 러시아에서는 여러 차례의 사회 변혁의 움직임이 있었지만 헤아릴 수 없이 많은 사람들이 처형을 당하거나 시베리아로 유형을 갔습니다. 진리를 외치면 파문당했고, 정의를 외치면 고문을 받았습니다. 그 현실은 1917년의 볼셰비키 혁명에 이르러서야 바뀝니다. 물론, 그 이후에는 더 암울한 현실이 펼쳐졌지만요.

이 그림처럼, 또 역사적으로 언제나 그렇듯이, 악은 선을 언제나 가소롭게 여깁니다. 톨스토이가 기독교는 제도나 건물이 아니라 **그리스도를 닮은 삶**이라고 했을 때 니콜라이 게가 그 말에 얼마나 감동하며, 깊이 그리스도를 묵상했을지 짐작이 됩니다. 이 그림을 보면 니콜라이 게가 우리에게 이런 메시지를 전하는 것 같습니다. 비록 불의하고 부당한 현실을 경험하며 어둠 속에 있는 것 같더라도 좁은 길을 가는 우리는 결코 실패자가 아니라고 말이죠.

좁은 길을 걸어간다는 믿음으로 견뎌내는 것을 성경에서는 **"오래참음"**이라고 합니다. 이 확신이 없다면 우리의 고통은 무의미해질 수 있고, 혹은 '타협'이 될 수도 있지만, 마땅히 걸어야 하는 정상적인 과정이라고 생각한다면 오래 참아낼 수 있습니다. 그리스도의 고통이 결코 무의미한 것이 아니듯이 말이죠. 그렇다면 니콜라이 게에게 영향을 준 톨스토이의 작품을 살펴볼까요?

톨스토이와의 대화

세 가지 비유 (1893~1895) `오래참음`

> "
> 죄가 있어 매를 맞고 참으면 무슨 칭찬이 있으리요.
> 그러나 선을 행함으로 고난을 받고 참으면 이는 하나님 앞에 아름다우니라.
> 이를 위하여 너희가 부르심을 받았으니, 그리스도도 너희를 위하여
> 고난을 받으사 너희에게 본을 끼쳐 그 자취를 따라오게 하려 하셨느니라.
> "
>
> – 베드로전서 2장 20~21절 –

1 첫 번째 비유

좋은 목초지에 잡초가 자라났다. 목초지 관리인들은 잡초를 없애려고 베어 냈지만, 잡초는 더욱 늘어났다. 어느 날 지혜롭고 선한 주인이 와서 잡초를 베면 더 무성해지니 베지 말고 뿌리째 뽑으라고 가르쳐주었다. 하지만 관리인들은 계속해서 잡초를 베기만 하고 뽑지는 않았다. 그들은 마치 주인의 가르침을 받지 못하기라도 한 듯 예전의 관습과 고집대로 했다. 목초지의 상태는 더욱 나빠져서 이제는 가축이 먹을 수 있는 꼴은 사라지고 온통 잡초만 남았다. 그러자 안타까운 상황을 본 한 사람이 관리인들에게 말했다.

"예전에 지혜롭고 선한 주인께서 잡초를 베지 말고 뿌리째 뽑으라고 가르쳐 주시지 않았소? 왜 그렇게 하지 않는 거요? 그분의 가르침대로 한번 해봐요."

하지만 관리인들은 이 사람의 말에도 귀 기울이지 않고 비난만 했다.

"당신은 잘난 척하는 거짓말쟁이야. 잡초를 베지 말라니, 그러면 이 무성한 잡초를 그냥 내버려 두라는 것이오?"

그 사람은 관리인들에게 해명하고 싶었다. 잡초를 내버려 두라는 게 아니라 베지 말고 뿌리째 뽑아서 없애라는 뜻이었고, 또 이는 자신의 말이 아니라 선하고 지혜로운 주인의 가르침이었다고 설명하려 했다. 하지만 아무도 이 사람의 말을 듣지 않고 비난만 했으며, 주인의 가르침대로 행하지도 않았다. 똑같은 일이 내게 일어났다. 나는 악에 맞서기 위해 폭력을 사용하면 안 된다는 복음의 가르침을 사람들에게 이야기했다. 폭력을 쓰는 것은 그저 잡초를 베는 것과 같으며, 악을 뿌리째 뽑아내려면 오직 사랑으로써 맞서야 한다고 했다. 이것은 내가 지어낸 말이 아니라 그리스도의 가르침이고, 그분을 따르는 제자들을 통해 세상에 널리 전파된 것이다. 하지만 이 가르침은 점점 잊혀서 이제는 아주 낯설고 어리석은 것이 되어버렸다. 사람들은 그리스도의 가르침을 왜곡하며 나를 비난했다.

"당신 미쳤소? 악에 대항할 필요가 없다니, 그럼 악이 우리를 짓밟도록 가만히 있으란 말이오?"

그리스도께서는 분명히 말씀하셨다.

> 너희를 저주하는 사람들을 축복하고 너희를 모욕하는 사람들을 위해 기도해라.
> 너희의 원수를 사랑해라. 너희를 미워하는 자들에게도 잘 대해 주어라.

하지만 폭력을 사용해 이득을 취하는 사람들은 악에 악으로 맞서지 말라는 그리스도의 말씀이 틀렸다고 주장한다. 그리고 악을 박멸하는 척하며 계속해서 악을 만들고 더욱 키우고 있다.

2 두 번째 비유

도시의 상인들이 밀가루, 우유, 버터 등 식료품을 팔았다. 그런데 더 빨리, 더 많이 돈을 벌려고 값싸고 해로운 혼합물을 식료품에 섞기 시작했다. 밀가루엔 하얀 석회 가루를 섞고, 버터에는 마가린을, 우유에는 석고 가루와 물을 섞었다. 상인들은 이윤을 크게 남겼으나 소비자들은 건강에 이상이 생겼다. 그런데도 혼합물이 섞인 식료품을 계속해서 구매했다. 질 좋은 다른 제품을 전혀 찾을 수 없었기 때문이다.

어느 날 시골에 살던 한 여자가 도시로 이사 왔다. 시골에선 직접 만든 식료품으로 음식을 만들어 먹었으나 도시에서는 그럴 수 없어서 시장에서 구매하기 시작했다. 그녀는 곧 식료품에 여러 혼합물이 섞여 있음을 알아챘고, 시장에 나가 큰소리로 상인들의 잘못을 알리기 시작했다. 그리고 상인들에게 찾아가 요구했다.

"나랑 내 아이들이 먹고 배가 안 아픈 그런 건강한 식품이 필요해요. 지금 팔고 있는 것들은 다 갖다버리고 품질 좋은 제품을 파세요. 그렇게 하기 싫으면 장사를 그만두세요!"

그러자 상인들이 여자를 비난하고 조롱했다.

"시골서 온 아주머니가 뭘 안다고 그래요? 이건 품질경연대회에서 메달까지 받은 1등급 제품이에요. 이걸 다 갖다버리면 사람들은 뭘 먹고 사나요? 당신이야말로 자기가 가난하니까 다들 가난해지길 바라는 나쁜 사람이군요."

그러자 여자의 말에 동의하던 구매자들까지 나서서 여자를 공격하고 욕하기 시작했다. 똑같은 일이 내게 일어났다. 이 시대의 학문과 예술에 대한 태도 때문이다. 나는 학문과 예술의 형태로 팔리고 있는 제품들 속에 혼합물이 대량 섞여 있음을 폭로했다. 이러한 것이 정신에 해롭고 위힘할 수 있으므로 주의해야 한다고 했다. 지식과 문화라는 이름으로 사람들에게 권장되는 가짜들을 애써 내던지고, 참된 지식과 참된 예술을 위해 더욱 고민하고 연구해야 한다고 했다. 그러자 나의 주장에 제대로 반박하는 사람은 아무도 없고, 그저 모든 상점에서 소리를 지르며 날 비난하기 시작했다.

"저 사람은 미친 게 분명해요. 학문과 예술을 버리라니, 그게 말이 됩니까? 저 사람 말은 듣지 말고 이리로 오세요. 보세요, 외국에서 유행하는 최신 제품이 준비돼 있답니다."

3 세 번째 비유

나그네들이 걷고 있었다. 그런데 어느 순간 길을 잃고 헤매기 시작했다. 발이 쑥쑥 빠지는 습지를 통과하고, 쓰러진 나무들과 가시덤불을 헤치며 갔다. 이동하는 게 점점 힘들어지자 나그네들 사이에서 의견이 갈렸다. 한쪽은 멈추지 말고 가던 방향대로 쭉 가면 어쨌든 목적지에 도착할 거라고 했다. 또 한쪽은 아직 도착 못 한 걸 보면 방향이 틀렸으니 지금부턴 사방팔방으로 다니며 길을 찾자고 했다. 그런데 어느 쪽 의견에도 동의하지 않는 사람이 있었다. 그는 우선 길 가는 걸 멈추고 상황을 정확히 판단한 후에 결정하자고 했다. 가던 방향으로 계속 가든, 방향을 바꿔 이쪽저쪽으로 다녀보든 목적지에 도착 못 하고 오히려 멀어질 수 있다고 했다. 그러므로 우선은 멈춰서 태양이나 별들의 위치로 올바른 방향을 파악한 후에 다시 출발하자고 했다. 그러자 양쪽에서 비난하고 비웃었다.

"움직이지 말고 아무것도 하지 말자니, 당신은 게으르고 나약한 사람이오. 우리에게 힘이 주어진 것은 장애물과 맞서 싸우며 전진하라는 뜻이오. 무기력하게 가만히 있으면 되겠소?"

이에 그 사람은 편하게 머물기 위해 멈추자는 게 아니라, 바른길을 찾아내어 그 바른길을 따라 부지런히 가기 위함이라고 설명했다. 하지만 아무도 귀 기울이지 않았고, 각각 의견대로 곧장 가거나 이곳저곳으로 갈팡질팡했다. 그들은 목적지에 가까워지기는커녕 여전히 가시덤불 속에서 헤매고 있다. 똑같은 일이 내게 일어났다. 우리가 가고 있는 길에 대한 의심을 표했을 때이다. 노동 문제를 해결하고 개혁을 이룬다면서 결과적으로는 민중이 무장하도록 하는 것은 우리가 가야 할 길이 전혀 아니다. 우리는 길을 잃었을 가능성이 크다. 그래서 나는 잘못된 움직임을 멈추고, 우리가 가고자 했던 방향대로 가고 있는지 우선 판단해보자고 했다. 하지만 다들 자기 목소리만 높이고 나 한 사람의 의견은 덮어버리려 했다.

"우리 사회는 안 그래도 뒤처져 있어요. 사람들은 너무 게으르고요. 어떻게 아무것도 안 하고 가만히 있습니까? 지금은 생각할 시간이 없어요. 어서 빨리 앞으로 갑시다!"

하지만 길을 잃은 사람들은 고통을 겪고 있다. 그러므로 잘못된 길로 우릴 끌어들인 운동을 멈추고 현재의 상황을 정확히 판단해야 한다. 우리가 도달해야 할 곳은 특정 계층만을 위한 복지가 아니라, 모두가 행복한 삶을 누리도록 하는 인류 공통의 참된 복지이다. 그런데 다들 자기 의견을 밀어붙이기만 하거나, 이것저것 성급히 시행하고 있다. 다시 생각해보자는 의견을 무시하는 태도로는 잘못된 길에서 빠져나갈 수 없다.

성경과의 대화

Q1 베드로전서 2장 20~21절에서 말하는 '참는 것'과 '오래 참는 것(고난)'의 차이를 일상의 예로 설명해 볼 수 있나요?

Q2 "오래 참음"이란 무엇인가요? 일상생활에서 경험한 '오래 참음'의 순간을 나눠주세요.
(힌트, 본문에서 '고난(오래 참음)'은 그리스도의 성품으로 바뀌는 과정입니다.)

Q3 톨스토이의 세 가지 비유 중 가장 공감되는 것은 무엇이며, 그 이유는 무엇인가요?

성경의 창문

베드로는 예수님의 제자였습니다. 그는 교회 공동체에게 보내는 편지인 '베드로전서'에서 '오래 참음'을 강조했습니다. 왜냐하면 로마 시대에는 그리스도인들이 적지 않은 어려움을 겪었기 때문입니다. 그러나 베드로는 2장 20~21절에서 죄를 지은 결과로 얻는 어려움과 신앙 때문에 겪는 어려움을 구별하고 있습니다. 그러면서 '신앙'은 반드시 고난이 뒤따르는 것이 당연하기 때문에 언제나 담대하게 대처하고, 오래 참을 것을 강조합니다. 왜 그럴까요? 오래 참는 시간을 통해서 그리스도를 닮아가기 때문입니다. 그래서 로마 시민들은 '그리스도를 닮은 사람들'이라는 의미로 '그리스도인'이라고 불렀습니다.

역사의 창문, 데카브리스트의 부인들

앞서 1825년의 '데카브리스트의 난'에 대해 살펴보았습니다. 나폴레옹 전쟁에서 승리했지만 러시아가 서구에 비해 정치, 경제, 사회적으로 뒤떨어졌다고 판단한 지식인들은 1825년 12월 14일에 데카브리스트의 난을 일으켰지만 실패했습니다. 혁명을 모의했던 116명은 시베리아로 유배를 떠나게 되었습니다. 이들 중 기혼자는 21명이었고, 그중 11명의 부인들은 남편과 함께 시베리아로 동행합니다. 당국은 데카브리스트의 부인들이 남편을 따라 시베리아로 간다면 귀족 신분과 권리를 포기해야 하고, 자녀는 농노로 전락될 것이라고 했습니다. 또한 귀족이라 하더라도 하인들을 대동할 수 없고, 남편이 시베리아에서 죽는다고 해도 이 결정은 번복되지 않는다고 선언했습니다. 그럼에도 불구하고 11명의 아내들은 시베리아의 이르쿠츠크에 머물며 유형 생활하는 남편을 뒷바라지했습니다. 1825년에 유배를 떠난 이들이 1856년에 사면령이 내려질 때까지 30년간 시베리아에서 생존한 부인은 8명이었습니다. 그중 5명은 남편과 생존해서 돌아왔고, 3명은 미망인이 되었습니다.

11명의 데카브리스트 부인들

5과

자비
(Kindness or Mercy)

그림과의 대화

못 들여보내!
(1892)

블라디미르 마콥스키(1846~1920) 作

5과 자비 (Kindness or Mercy) | 93

우리나라에서는 술과 관련된 범죄가 무척 많고, 끔찍합니다. 음주운전으로 인해 많은 피해자가 생기고, 술자리에서 벌어지는 범죄도 많습니다. 아이러니한 것은 술이 이렇게 더 큰 범죄를 야기하지만, 술을 마셔서 기억이 나지 않는다는 이유로 감형을 받는다는 것입니다. 이렇듯, 술은 개인적인 문제일 수도 있지만 '정책'과 관련된 부분이 있습니다. 빈센트 반 고흐가 자주 마셨다는 압생트는 19세기 프랑스 정부의 정책과 무관하지 않습니다. 그렇다면 음주 문화에 대해서 모든 것을 개인 탓으로만 돌릴 수 있을까요? 술을 조장하는 것도 사회적인 부분과 연관되어 있고, 한 개인이 의지할 대상이 술밖에 없는 환경이라면, 무조건 개인의 책임으로 치부할 수는 없을 겁니다.

이런 부분을 가장 잘 접할 수 있는 시대는 19세기 러시아입니다. 막심 고리키나 도스토옙스키의 소설에서 '보드카'가 빠질 수 없습니다. 러시아는 수많은 사람이 보드카에 의지했고, 이로 인해 개인과 가정이 병들게 됐습니다. 그러나 절대적 약자인 개인이 모든 권리와 미래를 박탈당한 채 의지할 대상이 술밖에 없다면 그것은 사회적 차원에서 고민해야 할 부분입니다. 타인의 아픔과 고통을 그 사람 개인 탓으로 돌리는 대신, 그의 **아픔을 사회적으로 '함께' 공감하고 고민하는 것이 '자비'의 시작**입니다. 자비란, 나의 잉여 재산과 여유를 남에게 '동냥'하듯이 던져주는 차원이 아닙니다. 타인의 마음을 이해하고 헤아리는 것이 없다면 그것은 자비가 아니라 '과시'에 불과합니다.

19세기 황폐한 사회와 술로 신음하던 러시아를 사실적으로 묘사한 문학가들이 많았습니다. 화가 중에서 블라디미르 마콥스키는 문학가들이 표현한 현실을 시각적으로 생생하게 표현했습니다. 〈못 들여보내!〉라는 그림이 보여주는 것은 어쩌면 지금도 우리 사회 곳곳의 그늘진 가정들이 겪는 문제가 아닐까요. **아내**는 잔뜩 겁에 질려 있고, **아이**는 엄마의 몸을 붙잡은 채 **아빠**를 바라보고 있습니다. 아이는 무슨 생각을 하는 걸까요? 어쩌면 엄마와 아이는 이후에 일어날 상황을 짐작하고 있는지도 모릅니다. 뒷짐 진 남편의 왼손은 가족들을 겨누고 있으니까요. 오른손은 외투를 들고 있는데, 고골의 작품 〈외투〉, 혹은 톨스토이의 《사람은 무엇으로 사는가》처럼 이 외투는 이 가정에서 값비싼 물건입니다. 그렇지만 남자는 외투를 팔아서 뭘 하려는 걸까요. 이 가정이 겪는 비극과 상처의 책임은 남편 때문입니다. 그러나 이 사회에서 남편이 의지할 수 있는 유일한 버팀목이 보드카라면요? 한 걸음 더 나아가 그 사회의 많은 사람이 '보드카'에 의지한다면, 그것은 과연 개개인의 문제일까요? 톨스토이가 고민한 것은 한 개인을 향한 원한과 복수, 처벌이 아니었습니다. 그 **사회가 서로를 향한 배려와 이해, 공감**을 가져야 한다고 말합니다. 이것이 '**자비**'의 **시작**입니다. 블라디미르 마콥스키가 이해한 자비의 실체를 더 들여다볼까요?

가난한 사람들을 방문하다(1874), 블라디미르 마콥스키 作

마콥스키의 〈가난한 사람들을 방문하다〉를 보면 귀족들이 행하는 자선을 비꼬고 있음을 알 수 있습니다. 값비싼 옷을 입은 한 부부가 한 집에 들어옵니다. 노부인과 어린아이가 이들을 맞이하고 있고, 맨 끝의 남자는 불쾌한 얼굴을, 젊은 여인은 난감한 얼굴을 하고 있습니다. 왜 이런 상황이 생겼을까요? **집의 난로**에는 장작이 없어진 지 무척 오래되었고, 집은 누추합니다. 이들을 방문한 부부는 이들의 마음을 헤아리기보다는 과시하려는 목적이 더 큰 것 같습니다. 진정한 자비는 누군가의 빈곤을 돕는 행위를 과시하는 것은 아닐 겁니다. 어쩌면 우리가 감당하는 구제 활동이나 단기선교를 이렇게 진행하고 있는 것은 아닐는지요. 진정한 자비란 무엇일까요?

톨스토이와의 대화

아시리아의 왕 아사르하돈 (1903) `자비`

> "이는 그리스도 예수 안에서 우리에게 자비하심으로써
> 그 은혜의 지극히 풍성함을 오는 여러 세대에 나타내려 하심이라.
> - 에베소서 2장 7절 -

아사르하돈 왕이 라일리에 왕의 나라를 정복했다. 그는 이웃 나라의 모든 도시를 불살라 파괴하고, 군인들을 모조리 죽였으며, 일반 주민들은 포로로 잡아 왔다. 전쟁이 끝난 어느 날 밤 아사르하돈 왕은 라일리에 왕을 어떻게 처형하면 좋을지 생각했다. 그런데 침대 옆에서 부스럭거리는 소리가 들리더니 갑자기 눈앞에 허연 수염을 기른 노인이 나타났다. 노인이 온화한 표정으로 아사르하돈에게 말했다.

"당신이 처형하려는 라일리에는 바로 당신 자신이라오. 그 사람과 당신은 하나인데, 그래도 그를 처형할 것이오?"

어리둥절한 아사르하돈 왕이 대답했다.

"나랑 그자가 하나라니, 무슨 말도 안 되는 소리요? 난 지금 이렇게 편히 침대에 누워 있고 라일리에는 옥에 갇혀 있소. 난 내일 잔치를 즐길 것이지만, 그자는 처형돼서 더 이상 이 세상에 없을 것이오."

그러자 노인이 말했다.

"당신은 그의 생명을 없앨 수 없다오. 당신이 죽인 만 사천 명의 군인들도 눈에 안 보일 뿐이지 사라진 것은 아니야. 다른 사람을 괴롭히는 것은 자기 자신을 괴롭히는 것이나 마찬가지라오."

노인은 아사르하돈 왕을 깨우쳐주기 위해 그에게 욕조에 들어가라고 했다. 아사르하돈이 노인의 말대로 욕조에 몸을 담그자, 신기하게도 자신이 다른 사람처럼 느껴졌다. 그리고 이내 자기가 라일리에임을 깨달았다. 한 번도 본 적 없는 여자가 그를 남편이라 부르고, 또 처음 보는 신하들이 절을 하며 라일리에 왕이라 했다. 신하들이 와서 더는 포악한 아사르하돈 왕의 모욕을 참고 있을 수 없으며 그에 맞서 전쟁을 벌이자고 했다. 하지만 전쟁을 피하고 싶었던 라일리에는 아사르하돈 왕에게 사신을 보내 평화의 메시지를 전했다. 라일리에가 된 아사르하돈은 예전처럼 사냥하러 가서 나귀를 죽이고, 늙은 암사자를 죽이고, 새끼 사자들을 사로잡았다. 그리고 궁궐에 돌아와 친구들을 부르고 잔치를 열었다. 그렇게 시간을 보내며 예전에 자기 자신이었던 아사르하돈 왕에게 보낸 사신들이 돌아오길 기다렸다. 그런데 한 달 후 사신들이 귀와 코가 베인 채로 돌아왔다. 아사르하돈이 그가 보낸 사신들을 모욕하고 더 많은 공물을 바치라고 한 것이었다. 라일리에는 신하들을 불러 어떻게 하면 좋을지 의논했다. 모두가 아사르하돈의 공격을 기다리지 말고 먼저 전쟁을 일으켜야 한다고 했다. 라일리에는 동의하고 군대를 지휘하며 아사르하돈 왕의 나라로 진격했다. 라일리에의 군사들은 용맹하게 싸웠지만 결국 전쟁에서 패하고 말았다. 라일리에 자신도 상처를 입고 포로로 잡혀버렸다. 라일리에는 감옥에 갇혔다. 굶주림과 부상으로 고통스러웠지만, 그보다는 아무것도 할 수 없다는 사실과 수치심 때문에 더욱 괴로웠다. 하지만 적들 앞에서 태연한 척하며 고통과 괴로움을 견디었다. 그가 처형을 기다리며 옥에 갇혀 있던 20일 동안 친구들과 친척들, 신하들이 다 처형당했다.

그리고 사랑하는 아내가 끌려가 아사르하돈의 시녀가 되었다. 그래도 라일리에는 끝까지 내색하지 않고 이 모든 걸 견디었다.

어느덧 라일리에의 처형일이 되어 그가 처형장으로 끌려 나왔다. 라일리에는 피범벅이 된 날카로운 말뚝을 보았다. 그 말뚝에 자기 몸이 찔려 죽게 될 것이었다. 라일리에는 두려움에 사로잡혀서 울음을 터뜨리며 살려달라고 애원했다. 하지만 아무도 듣지 않았고, 사형집행인들이 그의 옷을 벗기기 시작했다. 라일리에는 믿을 수 없어 하며 생각했다. '내가 죽는다니, 어떻게 이런 일이! 아니야, 이건 꿈이야! 난 라일리에가 아니야, 난 아사르하돈이야!'

그때 어떤 목소리가 들려왔다.

"넌 라일리에이고, 동시에 또 아사르하돈이다."

처형이 시작되자 라일리에는 비명을 지르며 물속에서 머리를 쳐들었다. 그러자 아까 그 노인이 자신을 바라보고 있었다. 아사르하돈이 가쁜 숨을 쉬며 말했다.

"오, 정말 끔찍한 시간이었소! 정말 긴 시간이었소!"

그러자 노인이 대답했다.

"긴 시간이라니, 당신은 물속에 머리를 담근 지 몇 초 지나지 않아 다시 머리를 들었다오. 자, 이제 깨달은 게 있소?"

아사르하돈은 아무 말도 하지 못했고 그저 두려움에 사로잡혀 노인을 쳐다봤다. 노인이 그에게 설명했다.

"라일리에는 당신이고, 당신이 죽인 군인들도 그렇소. 그뿐만 아니라 당신이 사냥하면서 죽이고 잔칫상에서 먹었던 짐승들도 다 당신이라오. 당신은 자기 자신만 살면 된다고 생각했지만, 사실 모든 생명은 연결되어 있다오. 그래서 다른 생명을 괴롭히고 죽이는 것은 곧 자기 자신을 괴롭히고 죽이는 것이오. 우리 개개인은 모든 걸 통틀어 하나인 생명의 일부일 뿐이야. 더 귀하거나 덜 귀한 생명이란 건 없다오. 자신의 생명을 더욱 풍성히 하려면 타인을 자신으로 생각하고 사랑하는 방법밖에 없다오."

말을 마친 노인은 안개처럼 사라져버렸다.

다음 날 아침 아사르하돈 왕은 라일리에와 포로들을 다 풀어주고 사형을 중단하라고 명령했다. 그리고 아들에게 왕위를 물려주고 궁을 떠났다. 그는 나그네가 되어 곳곳을 돌아다니며 자신이 깨달은 것, 즉 모든 생명은 하나이고 다른 존재에게 악을 행하는 것은 곧 자신에게 악을 행하는 것임을 사람들에게 전했다.

Q1 에베소서 2장 7절에 따르면, 우리 삶에서 '자비'가 필요한 이유는 무엇인가요?

Q2 그림과 작품을 보면서, 우리 주변에서 '자비'가 필요한 대상은 누구일까요?
그들에게 어떤 자비를 베풀 수 있을까요?

Q3 톨스토이의 작품을 통해 당신이 깨달은 '자비'의 의미는 무엇인가요?
이를 어떻게 실천할 수 있을까요?

성경의 창문

에베소서는 바울이 에베소 교회에게 쓴 편지입니다. 에베소는 지중해 지역에서 가장 부유한 곳입니다. 그들이 부유하고 학식이 많았다는 사실은 요한계시록 2장의 에베소 교회를 향한 내용에서도 잘 드러나 있습니다. 고대 그리스 철학이 시작된 이오니아 지역을 아시나요? "만물의 근원은 물이다"라고 외쳤던 탈레스와 여러 철학자는 이오니아 지방의 밀레토스 학파입니다. 그 지역의 중심 도시가 에베소입니다. 그런 까닭에 빌립보서나 데살로니가전후서와 달리 에베소서는 수준 높은 학문적 내용을 담고 있습니다. 그러나 에베소 교회는 성도들의 지식수준은 높고, 소득도 많았지만, 사랑이 없다는 책망을 받은 곳입니다.

에베소서 2장 7절이 뜻하는 바는 이렇습니다. 그리스도 예수는 우리에게 '자비'를 통해 '은혜'를 드러내셨고, 그 시대의 여러 세대에게 그리스도의 은혜를 드러내도록 부르심 받은 사람들이 에베소 교인들입니다. 우리 또한 바로 그런 존재들입니다.

 역사의 창문, 1861년 농노해방령

러시아는 1812년에 프랑스의 나폴레옹과 전쟁을 치렀습니다. 이때 러시아의 지식인들은 러시아가 서유럽에 비해 근대화가 늦어지고 있다고 판단했습니다. 그래서 1825년에 '데카브리스트의 난'을 일으켰지만 실패하고 맙니다. 이후 1853년부터 1856년까지 러시아는 크림반도를 차지하기 위해 영국, 프랑스, 오스만 제국 연합군과 전쟁을 벌였으나 패배했습니다. 1850년대에 치러진 크림 전쟁에서 러시아는 서유럽과의 산업화 격차를 더욱 뼈저리게 실감했습니다. 영국은 이미 산업혁명을 이루고 세계에서 가장 강력한 나라로 발돋움했기 때문입니다. 이에 따라 러시아는 1861년 3월에 '농노해방령'을 선언했습니다. 그러나 농노는 법적으로만 사라졌을 뿐, 농노가 자유민이 되는 것은 사실상 불가능에 가까웠습니다. 자유민이 되려면 평생 일해도 만질 수 없는 거금이 필요했기 때문입니다. 게다가 농노 제도가 사라짐에 따라 농민들은 근대화로 인해 생겨난 공장의 노동자가 되어야 했습니다. 산업혁명을 이룬 영국과 마찬가지로 수많은 러시아인들이 공장 기계의 부속품이 되었고 해고의 불안감 속에서 살았습니다. 이러한 상황에서 보드카 같은 술을 마시며 비관적인 나날을 보내는 사람들이 더욱 늘어났습니다.

농노 해방(농노해방령 낭독)(1907), 보리스 쿠스토디예프 作

6과

양선
(Goodness)

민중 앞에 나타난 그리스도 (1837~1857)

알렉산드르 이바노프(1806~1858) 作

'선하다'는 것은 무엇일까요? '선함', '착함'이라는 의미의 성령의 열매는 '양선'입니다. 성령께서 우리 속에 거하실 때 나타나는 결과 중 하나가 착한 성품입니다. 에베소서에서도 '빛의 열매'는 착함(양선)과 의로움과 진실함으로 나타난다(엡5:9)고 말합니다. 그렇다면 '착하다'는 것은 무엇일까요? 누군가의 말을 고분고분하게 듣고, 소심하고, 여린 것을 말할까요? 에베소서 5장 9절의 '착함'은 소극적인 태도가 아니라 악과 거짓을 미워하는 적극적인 행위입니다. 〈민중 앞에 나타난 그리스도〉라는 그림을 그린 알렉산드르 이바노프는 '착함'과 결이 맞는 화가입니다. **중앙에 십자가를 들고 서 있는 인물이 세례 요한**입니다. 세례 요한 바로 등 뒤에는 **붉은 머리의 사도 요한, 안드레, 베드로**가 차례대로 서 있습니다. 세례 요한은 멀리서 오시는 예수님을 가리키고 있습니다. 예수께서 이 땅에 오셨지만, 오른편의 군중들은 썩 내키지 않는 표정입니다. 그들은 예수님 시대의 종교인들이었습니다. 그들이 보기에 예수님은 불청객이었으니까요. 왜냐하면 자신들이 만든 부당하고 위선적인 사회를 예수께서는 책망하셨고, 그들을 가리켜 '독사의 자식들'이라고 날카롭게 질책하셨기 때문입니다.

알렉산드르 이바노프는 뛰어난 화가였습니다. 아버지는 대학교수였고, 이바노프 역시 뛰어난 재능으로 인해 국가 장학생에 선발되어 해외에서 그림을 공부했습니다. 그러나 러시아의 폐쇄적이고 부당한 현실을 직시했던 그는 그림을 통해 시대에 저항했습니다. 그러자 한순간에 천재 학생에서 위험인물로 낙인찍히고 27년간 조국으로 돌아올 수 없었습니다. 이바노프의 아버지 역시 교수직에서 해임되었습니다. 이런 배경 탓일까요? 이 그림이 완성되기까지 무려 20년이나 걸렸습니다.

제정 러시아에서는 귀족과 성직자들이 사회의 모든 기득권을 갖고 있었고, 농노와 노동자들은 노예처럼 살아야 했습니다. 이것을 개선하기 위해 데카브리스트의 난이 발생했고, 수많은 작가와 화가들이 현실에 맞서 목소리를 높였지만, 그 대가는 무척 혹독했습니다. 이바노프도 27년 만에 조국으로 돌아왔지만 불과 2개월 후에 세상을 떠나고 말았습니다. 그러나 그의 신념은 톨스토이, 일리야 레핀 같은 인물들에게 영향을 주었습니다. 그는 '착함'이라는 가치를 전했던 것이지요.

자, 다시 이 그림 속으로 들어가 볼까요? 세례 요한 뒤에는 예수님의 세 제자들이 있고, 그 뒤에는 **슬픈 표정을 한 니콜라이 고골**(1809~1852)이 서 있습니다. 고골 역시 데카브리스트들처럼 신분제를 폐지하고 농노를 해방할 것을 요구하며, 〈코〉, 〈외투〉, 〈죽은 혼〉, 〈감찰관〉 같은 사실주의 문학을 발표해서 도스토옙스키나 톨스토이 같은 작가들에게 영향을 주었습니다. 그러나 고골이 슬픈 표정을 짓는 이유는 아직 농노 제도가 폐지되기 전인 1852년에 세상을 떠났기 때문입니다. '역사의 창문'에서 니콜라이 고골에 대해 조금 더 살펴보려고 합니다. 고골은 작품들을 쓰며 현실을 개선하려고 했지만, 전혀 바뀌지 않는 러시아의 현실을 보며 절망 속에서 세상을 떠났습니다.

이 그림 속 벌거벗은 사람들은 세례를 받으려고 요단강에 온 빈민입니다. 그중에서 푸른 옷을 입고 희망에 찬 얼굴로 세례 요한을 바라보는 인물은 **러시아의 민중**을 상징합니다. 반대로 오른편의 종교인들은 완고하고 완악한 표정으로 예수님을 바라봅니다. 그들의 모습은 러시아의 귀족이나 종교인들과 다르지 않습니다.

알렉산드르 이바노프의 그림을 보며, '착함'이 무엇인지 생각해 봅니다. 불의와 모순 앞에 타협하거나 굴복하는 것이 아니라 의로움과 진실함을 간직하는 것이 진정한 착함이고 선함이라고 할 수 있습니다. 이것이 다음에서 살펴볼 톨스토이의 작품 《한가한 사람들의 대화》를 관통하는 핵심 주제이기도 합니다.

한가한 사람들의 대화 (1893)

> 너희가 전에는 어둠이더니 이제는 주 안에서 빛이라. 빛의 자녀들처럼 행하라.
> 빛의 열매는 모든 착함과 의로움과 진실함에 있느니라.
> 주를 기쁘시게 할 것이 무엇인가 시험하여 보라.
>
> – 에베소서 5장 8~10절 –

어느 부유한 집에 손님들이 모여 인생에 관한 이야기를 나누었다. 그런데 다들 행복하지 않다고 했다. 그저 자기 자신과 가족을 돌보며 살 뿐이고 하나님과 이웃에 대해서는 생각하지 않는다고 했다. 이러한 삶이 그리스도인으로서 부끄럽다고 고백했다. 한 청년이 말했다.

"우린 너무 우리끼리만 어울리며 사치스럽게 살고 있어요. 이렇게 살라고 하나님이 복을 주신 건 아니잖아요. 공부만 하면 뭐하나요? 어차피 후회하며 살 텐데. 저는 물려받을 재산을 포기하고 시골에 가서 가난한 사람들과 살고 싶어요. 거기서 사람들을 가르치고, 함께 일하며 살 거예요."

그러자 청년의 아버지가 말했다.

"너무 무모하고 경솔하구나. 물론 네가 말한 것은 선하고 좋은 것이야. 하지만 아직은 새로운 길을 갈 때가 아니야. 먼저 어른들의 말을 잘 들으면서 더 공부하고 더 커야 해."

그러자 다른 남자가 말했.

"경험이 적은 젊은이들은 새 길을 찾으려다 실수할 때가 많지요. 하지만 우리 중년들은 언제까지 이렇게 살아야 할까요? 가족을 위해 애쓴다고 하면서, 하나님의 뜻에서 벗어나 이기적이고 세속적인 삶을 살고 있어요. 그러니 이제부턴 아내와 아이들 생각은 좀 줄이고, 주께서 원하시는 일에 마음을 써야 하지 않을까요?"

그의 말에 여자들이 투덜댔다. 그중에 한 나이 많은 여자가 말했다.

"결혼해서 가정을 이루었다면 가족을 돌보는 게 우선이에요. 하나님을 위해 산다면서 책임을 회피하면 안 되지요. 아이들이 다 커서 자립하면, 그때 그렇게 하세요."

그러자 중년의 남자가 다시 말했다.

"가족을 버리겠다는 게 아니에요. 어려운 형편에도 처해 보고, 남을 돕고, 일하고, 다양한 사람들과 어울려 살도록 이끌어야 한다는 뜻이에요. 그러려면 사회적 지위와 부를 내려놓는 수밖에요."

이 말에 그의 아내가 목소리를 높였다.

"당신은 어릴 때부터 지금까지 누릴 거 다 누리고 살았잖아. 왜 인제 와서 가족들을 힘들게 해? 강요하지 마. 애들 크면, 그때 가서 선택하라고 해."

아내의 말에 남자는 입을 다물었고, 옆에 있던 노인이 말했다.

"이미 풍족함에 길든 사람에게 갑자기 어렵게 살라고 하면 가혹하지. 아이들 양육 방식을 중간에 바꾸는 것도 썩 좋지는 않아. 나처럼 나이 든 사람이야말로 새 인생을 시작할 때가 됐어. 생각해보니 참 부끄럽네. 난 지금 아무것도 안 하고 오로지 먹고 마시고 놀고 있잖아. 죽기 전에 재산을 사회에 기부하고, 하나님께서 그리스도인에게 명하신 새 삶을 살아봐야지."

그러자 노인의 아들을 비롯한 친척들이 반박했다.

"아버지는 평생 일하셨어요. 그러니까 이제야말로 쉬면서 즐겁게 사셔야지요. 노년에 가난하면 건강도 해치고 정신적으로도 안 좋아요. 그러다 오히려 죄만 더 짓게 돼요."

노인의 친구도 한마디 했다.

"자네나 나나 살날이 얼마 안 남았어. 다 늙어서 무슨 새로운 인생 타령이야?"

모두가 조용해진 가운데 여태껏 말이 없던 손님이 불쑥 입을 열었다.

"다들 그리스도인으로서 부끄럽다고 하면서도 고칠 생각은 없으시네요. 아이들 고생시키면 안 되니까 예전과 똑같이 양육하고, 청년들은 부모의 뜻에 순종해 예전과 똑같이 살아야 하고, 결혼한 사람들은 안정된 환경을 유지하기 위해, 또 노인들은 살날이 얼마 안 남았으니까 예전과 똑같이 살아야 해요. 그럼 우린 언제 하나님 뜻대로 살죠?"

> 하지만 문제는 재산이 아니라네. 내 말을 믿게.
> 영적인 재산을 쌓을 생각을 하지 않는다면
> 이 세상에서의 재산도 쌓이지 않을 것이고
> 설사 재산을 쌓는다고 해도 다 소용없으며 곧 허물어지리라는 것을 명심하게.
> 우리의 육체는 결국 영혼에 달려 있네.
>
> – 고골의 〈죽은 혼〉 2부 –

Q1 양선, '착하다'는 것은 무엇일까요? 에베소서 5장 8~10절을 읽고 일상의 예로 설명해 볼까요?

Q2 톨스토이의 작품과 알렉산드르 이바노프의 그림에서 보이는 '양선'의 모습을 현대 사회에 어떻게 적용할 수 있을까요?

Q3 우리 공동체가 '양선'의 열매를 드러내기 위해 할 수 있는 구체적인 활동은 무엇이 있을까요?

성경의 창문

에베소는 5과의 "성경의 창문"에서 살펴보았듯이 그리스 지역에서 가장 부유하고 학식 수준이 높은 곳이었습니다. 바울은 에베소 교회에 쓴 편지에서 '빛의 자녀'가 된다는 것이 무엇인지 말합니다. 빛의 자녀, 즉 하나님의 백성이 되었다는 증거는 "착함, 의로움, 진실함"입니다. 다시 말해서 이것은 성령의 열매로 나타나는 결과입니다. 우리나라는 세계에서 가장 큰 교회들을 보유하고 있고, 목회자들은 높은 학력 수준을 자랑합니다. 그러나 에베소 교회를 보는 듯한 느낌을 받는 것은 왜일까요? 한국 교회가 그 규모에 걸맞은 성령의 열매를 드러내려면 착함, 의로움, 진실함이라는 결과로 증명해야 합니다. 이것을 한 마디로 "양선(Goodness)"이라고 할 수 있습니다. 과연 세상은 교회와 그리스도인들을 '양선'의 화신(化身)으로 인정하고 있을까요?

역사의 창문, 니콜라이 고골

니콜라이 고골(1809~1852)은 러시아의 현실을 사실적으로 작품 속에 담아낸 작가입니다. 그는 〈코〉, 〈외투〉, 〈죽은 혼〉, 〈감찰관〉 같은 작품을 썼습니다. 그중에서 농노 제도의 부당함을 적나라하게 고발한 작품이 바로 〈죽은 혼〉입니다. 고골은 1842년에 〈죽은 혼〉 1부를 발표하면서 농노 제도의 모순을 조목조목 비판하여 러시아 사람들의 엄청난 호응을 얻었고, 사회적으로 큰 반향을 일으켰습니다. 하지만 그 대가로 고골은 러시아를 떠나야 했습니다.

그는 〈죽은 혼〉 1부에서 러시아 사회를 비판했지만, 대안을 제시할 수 없었기에 실망하며 종교에 심취했습니다. 오랜 기간 2부의 원고를 썼지만 절망한 나머지 원고를 불태워 버렸습니다. 고골은 왜 절망했을까요?

고골의 분신(1909), 일리야 레핀 作

대안이 없었기 때문이 아니라 대안조차 제시할 수 없는 현실 때문이 아닐까요? 이 그림은 일리야 레핀의 그림으로, 〈죽은 혼〉 2부의 원고를 불태우는 고골의 모습을 담았습니다. 일리야 레핀이 이 그림을 그린 것은 1909년입니다. 이미 1852년에 세상을 떠난 고골을 반세기가 지난 후에 그림으로 다시 소환한 이유는 무엇일까요? 농노제의 뚜렷한 모순 앞에서 절망한 고골처럼 레핀 역시 비슷한 절망감을 느꼈던 것은 아닐까요? 러시아는 1905년에 혁명을 통해 입헌군주제를 시도했지만, 그 역시 현실적인 대안이 되지 못했습니다. 이런 상황을 보는 레핀의 마음은 괴로웠습니다. 부당한 현실에 타협하고 침묵하는 것이 아니라 분노하고, 맞서는 것이 진정한 '양선'입니다.

7과

충성
(Faithfulness)

그림과의 대화

젬스트보의 점심
(1872)

그리고리 먀소예도프(1834~1911) 作

그림과의 대화

1861년 2월 19일자 칙령을 읽다 (1873)

그리고리 먀소예도프(1834~1911) 作

1861년에 있었던 농노 해방은 반쪽짜리에 불과했습니다. 법적으로 농노가 해방될 수 있도록 만들기는 했지만, 평생 가난하게 살던 농노들이 정상적으로 일해서는 만질 수도 없는 거금이 있어야 자유를 누릴 수 있었습니다. 실제로 육체노동자, 도시 빈민으로 전락해야 하는 허울뿐인 법이었습니다. 먀소예도프가 1873년에 그린 〈1861년 2월 19일자 칙령을 읽다〉라는 그림을 보면 농민들의 절박한 마음을 엿볼 수 있습니다. 헛간에 농노들이 모여 있고, 한 줄기의 빛이 들어오는 가운데 **어린아이가 조심스럽게 농노해방령**을 읽고 있습니다. 아마 법조문 한 줄, 한 줄을 읽어가며 떨리는 마음으로 미래를 그려보고 있지 않았을까요?

그 결과가 〈젬스트보의 점심〉에서 드러납니다. '젬스트보'는 농노 해방이 선언되면서 사회를 개혁하기 위해 설치된 일종의 지방자치기구입니다. 정부의 관할이 미치지 않는 빈민들에게도 구제, 복지, 교육, 의료를 제공하고, 법적으로는 가난한 농민들도 젬스트보의 대표권을 가질 수 있었습니다. 그런데 실상은 어떠했을까요?

'법적' 농노는 사라졌지만 사실상 농민들은 더욱 열악한 환경에서 일해야만 하는 '노동자'가 되었습니다. 이들을 위해 설치되었던 젬스트보도 사실상 유명무실하게 되었습니다. 가난한 사람들은 자신의 문제를 해결하기 위해 '유일하게' 도움을 청할 수 있는 젬스트보에 왔습니다. 그림을 보면 이들은 기다린 지 한참 지난 것을 알 수 있습니다. **줄 서 있는 사람들에게 젬스트보는 어떤 의미일까요?** 때는 점심시간이라서 이 사람들은 속히 식사 시간이 끝나기를 기다리고 있습니다. 그런데 업무가 다시 시작된다면 가장 먼저 들어갈 수 있는 문 앞의 사람은 오히려 주저앉아 있습니다. 문 앞의 세 사람은 낙담하고 있고, 그 뒤의 사람들은 주먹

밥 크기의 빵 한 조각이 유일한 끼니입니다. 심지어 체념한 듯 누워 있거나 삶의 의지를 포기한 사람도 보입니다.

그런데 이들과 대조적으로 **창문으로 무엇이 보이나요?** 고급스런 술병이 보이고 하인은 열심히 접시를 닦고 있습니다. 건물 안 젬스트보 관리들이 접대를 받으며 호화로운 점심 식사를 하는 모양입니다. 그들은 하인들을 대변해야 함에도 불구하고, 하인들로부터 시중 받는 것을 당연하게 여깁니다. 사실 농노해방령과 젬스트보는 농민들을 위한다기보다는 귀족의 이익을 대변하도록 설계된 것이었습니다. 이렇게 창문 하나를 사이에 두고 전혀 다른 삶이 펼쳐지고 있습니다.

만일 젬스트보 관리들의 "뇌 구조"라는 그림을 그린다면 무엇으로 가득 채워져 있을까요? 술, 음식, 권력, 시중, 높은 사람 만나기, 뇌물 등이 가득하지 않을까요? 그들이 '대변'하는 대상은 무엇일까요? 그것이 바로 '대변'이 아닐런지요. 이런 사람들이 만일 '국민을 위해'라고 말한다면 과연 그 말에서 '진정성'을 느낄 수 있을까요?

'진정성'이란, 진심과 신뢰를 포함한 마음입니다. 성경은 이를 '피스티스'라는 단어로 표현합니다. 이 단어를 한글 성경에서는 '충성'이라고 번역했습니다. 한글의 '충성'은 '상명하복(上命下服)'의 느낌이 강하지만, 성령의 열매에서 말하는 '충성'은 '진실함', '진정성'에 더 가깝습니다. 우리가 하나님의 성품을 닮아간다면 뇌물과 아첨, 감언이설이 아니라 진심을 다하는 진실함이 넘쳐날 겁니다. 자, 다시 바라본 그림에서 여러분은 무엇을 느끼셨나요?

세 가지 질문 (1903)

> " 끝으로 형제들아 무엇에든지 참되며 무엇에든지 경건하며 무엇에든지 옳으며 무엇에든지 정결하며 무엇에든지 사랑받을 만하며 무엇에든지 칭찬받을 만하며 무슨 덕이 있든지 무슨 기림이 있든지 이것들을 생각하라. "
>
> - 빌립보서 4장 8절 -

한 왕에게 깊은 고민이 있었다. 그는 어떤 일을 언제 하는 게 좋은지, 누가 가장 중요한 사람이고 누구에게 가장 신경 써야 하는지, 또 많은 일 중에 무엇이 가장 중요한 일인지 알고 싶었다. 왕은 자신이 다스리는 온 땅에 어명을 내려 세 가지 질문에 답해주는 자에게 큰 상을 내리겠노라고 했다. 그러자 다양한 사람들이 와서 저마다 답을 말하기 시작했다.

어떤 이가 첫째 질문에 하루, 한 달, 한 해의 시간표를 미리 짠 후 모든 일을 철저히 계획대로 진행하면 된다고 했다. 그런데 다른 사람은 오직 현재에 집중하여 그때그때 필요한 일을 하는 게 좋다고 했다. 또 다른 이는 혼자서는 알 수 없으므로 지혜로운 사람들을 옆에 두고 그들의 말을 들어야 한다고 했다. 또 어떤 이는 점술가에게 물어봐야 한다고 했다.

두 번째 질문에도 저마다 다른 답을 내놓았다. 어떤 이는 가장 중요한 사람은 왕을 도와 나라를 다스리는 자들이라 했고, 또 어떤 이는 종교의식을 행하는 사제들이라 했다. 어떤 이는 병을 치료하는 의사들이, 또 다른 이는 나라를 지키고 적과 싸우는 군사들이 가장 중요하다고 했다.

세 번째 질문에 대한 답도 제각각이었다. 누구는 과학이 세상에서 가장 중요한 일이라 했고, 누구는 군사력, 또 누구는 종교라고 주장했다. 왕은 무엇이 과연 올바른 답인지 알 수 없었고, 그 누구에게도 상을 내리지 않았다. 그리고 천하에 지혜롭기로 유명한 수도자를 찾아가 직접 물어보기로 했다. 수도자가 사는 숲에 도착한 왕은 부하들을 남겨두고 홀로 숲에 들어갔다. 얼마 지나자 그는 야윈 몸으로 힘겹게 밭을 갈고 있는 수도자를 발견했다. 왕이 다가가 질문했다.

"지혜로운 수도자여, 당신에게 답을 구하고 싶은 세 가지 질문이 있습니다. 첫째, 어떻게 하면 중요한 때를 놓치지 않을 수 있습니까? 둘째, 누가 가장 중요한 사람이고 누구에게 정성을 들여야 할까요? 셋째, 어떤 것이 가장 중요하고 먼저 해야 할 일인가요?"

수도자는 왕의 질문을 듣고도 아무 말 없이 땅을 일구었다. 그러자 왕은 수도자에게 잠깐 쉬라고 하고는 직접 삽을 들어 밭이랑을 갈기 시작했다. 어느덧 늦은 오후가 됐다. 수도자의 대답을 듣지 못한 왕은 그만 집에 돌아가려고 했다. 그때 갑자기 수도자가 말했다.

"저기 어떤 사람이 이리로 달려오네요. 누군지 같이 봅시다."

왕이 뒤돌아보자 한 남자가 자신을 향해 달려오고 있었다. 가까이 온 사내는 땅에 쓰러져 신음했다. 그의 배에서 피가 흘렀다. 왕은 수도자와 함께 사내의 옷을 벗긴 후 상처를 씻어내고 싸매주었다. 또 물을 떠다 그에게 마시게 했다. 저녁이 되어 서늘해지자 왕은 부상당한 남자를 수도자의 방으로 옮겨 와 침대에 눕혔다. 그리고 자신도 몹시 피곤하여 잠들었다. 이튿날 아침에야 잠에서 깬 왕은 자신을 쳐다보고 있는 사내와 눈이 마주쳤다. 그 사람이 말했다.

"왕이시여, 저를 용서하십시오. 저는 당신의 원수입니다. 당신이 제 동생을 처형하고 재산을 빼앗아서 저는 당신을 죽이려고 했습니다. 어제 당신이 혼자 수도자의 숲에 들어간 사실을 알고는 돌아오는 길에 죽이려고 숨어있었지요. 그런데 늦은 시간까지 오질 않아서 상황을 알아보려고 나왔다가 그만 당신의 부하들에게 들켜버렸습니다. 간신히 도망쳤지만, 피를 많이 흘려서 죽을 수밖에 없었습니다. 그런데 당신을 죽이려 했던 저를 당신이 살려주었으니, 이제부턴 당신의 충직한 부하가 되어 섬기겠습니다."

왕은 자신의 원수와 화해하게 되어 매우 기뻤고, 그를 용서하고 재산도 돌려주기로 약속했다. 사내와 이야기를 마친 왕은 밖으로 나와 수도자를 찾았다. 수도자는 어제 일구어놓은 밭에 씨앗을 심고 있었다. 왕이 다시 물었다.

"지혜로운 분이여, 제 질문에 답해주시기를 마지막으로 청합니다."

그러자 수도자가 말했다.

"이미 답을 찾지 않았소. 당신은 어제 날 안타까이 여겨서 대신 일을 해줬지. 그렇지 않고 만일 혼자 돌아갔다면 저 사내가 당신을 죽이려고 달려들었을 거요. 그러니 밭에서 일했던 그때가 놓치지 말아야 할 가장 중요한 때였소. 가장 중요한 사람은 나였고, 가장 중요한 일은 내게 선을 베푸는 것이었지. 그 후 저 남자가 달려왔을 때는 그를 보살핀 그때가 가장 적절한 때였소. 그렇지 않았다면 저 사람은 당신과 화해하지 못하고 죽었을 테니까. 그러니 그 사람이 가장 중요한 사람이고, 그에게 한 일이 가장 중요한 일이었다오. 기억하시오. 가장 중요한 때는 바로 지금이고, 가장 중요한 사람은 지금 당신이 만나는 사람이고, 가장 중요한 일은 그 사람에게 선을 행하는 것이라오."

가뭄 중의 기도(1880), 먀소예도프 作
가뭄 중에 십자가를 들고 처절하게 기도하는 농민들의 절박한 모습이 인상적이다.

Q1 빌립보서 4장 8절의 내용과 '충성'은 어떤 관계가 있나요?
이것을 구체적인 일상의 경험으로 말해 볼까요.

Q2 젬스트보와 톨스토이의 작품이 우리 사회에 주는 의미를 현대적 관점에서 어떻게 적용할 수 있을까요?

Q3 톨스토이의 작품을 통해 당신이 깨달은 '충성'의 의미는 무엇인가요?
이를 어떻게 실천할 수 있을까요?

성경의 창문

빌립보 지역은 앞서 살펴본 에베소와는 전혀 다른 특징을 갖고 있습니다. 역사적으로 에베소는 철학이 발생한 부유한 지역이었던데 반해 빌립보는 소외된 변방 지역이었습니다. 오죽했으면 빌립보 시민들의 평생소원이 돈을 모아서 로마 시민권을 사는 것이었을까요? 로마 제국은 퇴역 군인들을 빌립보에 정착시키면서 '작은 로마'로 만들려고 했지만 오래전부터 빌립보는 변방의 도시였습니다. 그래서 '너희의 시민권은 하늘에 있다(빌3:20)'고 말한 바울의 마음이 어떠했을지 짐작할 수 있습니다.

바울은 빌립보 교회에 보내는 편지인 '빌립보서'를 어떻게 끝맺었을까요? 그는 빌립보서 4장 8절에서 '끝으로'라는 말과 함께 그의 마지막 당부를 전합니다. 한마디로 말해 '믿을 만한, 신뢰할 만한' 사람이 되라는 것입니다. 그것이 바로 '신실함'을 의미하는 '충성'이라고 할 수 있습니다.

역사의 창문, 알렉산드로 푸시킨

데카브리스트의 난 이후 시대를 아파하며 썼던 시(詩)가 바로 그 유명한 〈삶이 그대를 속일지라도〉입니다. 이 시는 그 시대의 눈물과 고통을 겪는 사람들을 향하며, 함께 아파했기에 알렉산드로 푸시킨을 러시아 문학의 아버지라고 부릅니다. 푸시킨의 이런 시선은 톨스토이, 도스토옙스키 같은 문학들 속에 고스란히 전해졌으니까요. 그렇다면 그의 작품을 감상해 볼까요?

이것은 혹독한 시기에 푸시킨이 쓴 시입니다. 이런 암울한 시기에 푸시킨이 노래한 희망은 그 시대를 밝히 비추고 있습니다.

삶이 그대를 속일지라도

슬퍼하지 말라, 노여워하지 말라.

서러운 날을 참고 견디면

즐거운 날이 오고야 말리니 왜 슬퍼하는가.

마음은 미래를 바라느니,

현재는 한없이 우울한 것.

모든 것 하염없이 사라지나

지나가 버린 것 그리움이 되리니.

- [삶이 그대를 속일지라도 (1825)], 알렉산드르 푸시킨 -

알렉산드르 푸시킨(1799~1837)

8과

온유
(Meekness)

그림과의 대화

쿠르스크 지방의 십자가 행렬 (1880~1883)

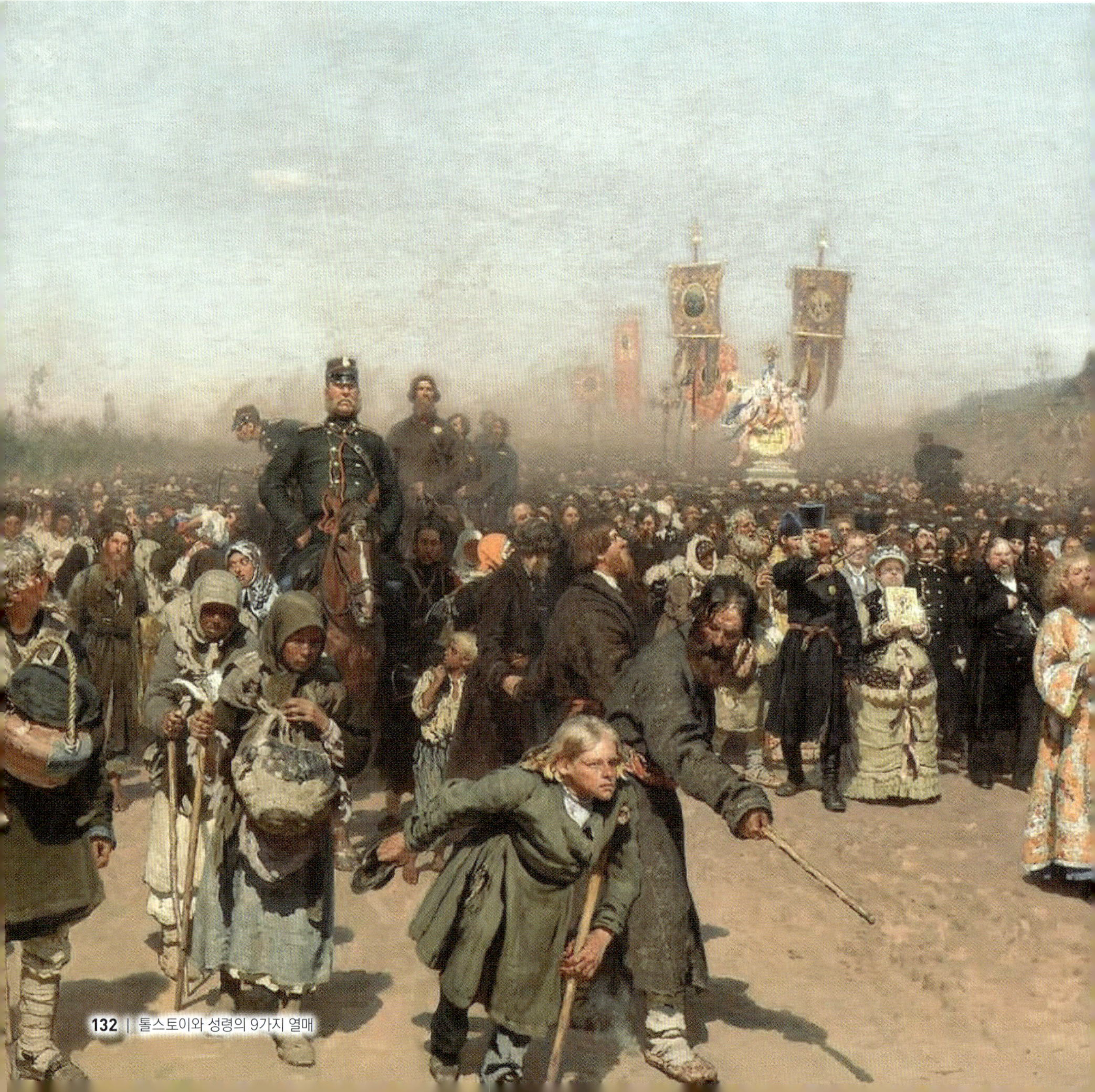

일리야 레핀(1844~1930) 作

8과 온유(Meakness)

이 그림은 톨스토이의 영향을 받은 일리야 레핀의 그림입니다. 우선 그림은 좌우로 양분됩니다. **오른편은 '거룩한' 성직자들의 행렬**입니다. 러시아 정교회는 '이콘'을 무척 소중하게 여깁니다. 이콘이란, 성경의 인물들을 표현한 성화(聖畫)이지만, 정교회는 이콘을 그림이 아닌 거룩한 실체와 닿아 있는 것이라고 생각했습니다. 그들에게 이콘은 작품이 아니라 실체인 셈이지요. 그렇기에 이콘 앞에서 기도하

고 예배하는 모습을 볼 수 있습니다. 이 그림에서도 사람들은 여러 이콘들과 같이 행진합니다. 검은 옷을 입은 성직자들, 바로 뒤의 성물을 들고 있는 두 여인, 그 뒤에는 화려한 옷을 입은 고위 성직자, 부유한 복장의 귀부인이 있습니다. 이들은 거룩한 것을 들고 걷는 중입니다. 마치 그 옛날 언약궤를 들고 운반한다면 저절로 전쟁에서 이길 수 있다고 생각했던 이스라엘 백성들처럼 말이죠. 이들은 이콘과 십자가를 들고 있습니다. 십자가는 하나님과 인간의 막힌 담을 제거한 실체입니다(엡2:14). 그러나 일리야 레핀은 하나님과 인간 사이에 성직자들이 개입하면서 오히려 차별과 장벽이 생기는 현실을 그리고 있습니다. **경찰들은 가난하고, 병들고, 소외된 사람들을 십자가 행렬로부터 분리**시킵니다. 십자가를 들고 있지만 전혀 십자가의 본질은 드러내지 못합니다. 예수님이 이 행렬 속에 계셨더라면 이런 사람들을 결코 내쫓지 않았을 겁니다.

그리스도의 마음을 품는 것이 바로 '온유'의 핵심입니다. 그러나 성직자들의 얼굴을 살펴보면 어떤가요? '그리스도'를 들고 있지만, 그리스도의 마음도, 그리스도의 열매도 찾아볼 수 없습니다. 우울하고, 불행하고, 지루하고, 거만한 모습만 보입니다. 이들의 영적인 상태를 반영하듯 **뒤에 펼쳐진 산**은 나무가 모조리 잘린 민둥산입니다.

정말 러시아에는 절망밖에는 없는 걸까요? 1861년의 농노 해방은 명목상에 불과했습니다. 그때, 정부는 농노를 해방한 황제를 찬양하는 그림을 그리라고 미대 학생들에게 요구했습니다. 자신의 재능을 발휘해서 그 요구를 받아들이면 평생 안정된 지위와 권력을 누릴 수 있었지만, 14명의 학생들이 졸업 직전에 자퇴하는 '14인의 반란자' 사건이 1863년에 벌어집니다. 이들은 농민을 계몽하기 위해 그림을 그렸고, 농촌 지역을 돌며 전시회를 열고 농민들에게 그림을 보여주었습니다. 그래서 이들을 일컬어 "이동파(移動派) 화가"라고 합니다.

이동파 화가의 리더는 이반 크람스코이(1837~1887)입니다. 그는 톨스토이로부터 큰 영향을 받았기에 톨스토이의 그림을 직접 그리기도 했습니다. 크람스코이는 일리야 레핀을 비롯한 수많은 화가에게 영향을 주었습니다. 이 14인의 학생들로부터 영향을 받아 러시아의 지식인들과 작가들은 현실의 모순을 고발하는 운동을 대대적으로 전개합니다. 대표적으로 "민중 속으로" 들어가서 그들을 깨우치자는 '브나로드' 운동이 러시아에 확산되었습니다. 그리고 일제강점기를 겪은 우리나라에도 영향을 주었지요.

이반 크람스코이의 영향을 받은 바실리 페로프는 소외된 사람들을 향해 탁월한 공감의 시선을 보낸 화가였습니다. 바실리 페로프의 〈익사한 여인〉이라는 작품을 볼까요?

레프 톨스토이의 초상(1873) 이반 크람스코이 作

익사한 여인(1867), 바실리 페로프 作

　멀리 **러시아의 높이 솟은 첨탑과 건물**들이 보입니다. 서구를 따라 열심히 산업화하는 19세기 러시아의 모습입니다. 그러나 **한 여인이 강물에 뛰어들었고, 싸늘한 주검**이 되었습니다. 그런데 그 옆의 노인은 담배를 피우며 그 여인의 죽음을 그저 '통계' 정도로 보고 있습니다. OECD 국가 중 우리나라는 자살률 1위를 기록하고 있지만 현실의 우리는 자살에 대한 경각심 없이 그저 통계로만 받아들이며 무심하게 지내고 있습니다. 이러한 우리의 무심함이 이 그림 속 노인의 시선과 닮아 있습니다.

　'온유'란 그리스도의 마음을 품는 것이 핵심입니다. 결코 침묵하거나 무심히 방관하는 것을 의미하지 않습니다.

패자들, 추도식(1878~1879), 바실리 베레샤긴 作

　바실리 베레샤긴(1842~1904)의 그림은 어떤가요? **한 군인과 성직자가 들판에 서 있습니다. 자세히 보면 그곳에는 시체들로 가득합니다.** 그렇습니다. 전쟁에서 승리했습니다. 그러나 이들의 얼굴에는 승리의 영광과 기쁨이 아니라, 죽은 수많은 병사들을 애도하고 있습니다. 아군 희생자들뿐만 아니라 적군의 병사들까지 이 성직자는 추도하고 있습니다. 전쟁의 실체를 적나라하게 보여주는 그림입니다. 이들이 승리했다면 그것은 과연 누구를 위한 걸까요? 수많은 목숨과 바꿀만한 가치가 있는 걸까요? 톨스토이, 이반 크람스코이, 일리야 레핀, 바실리 페로프, 그리고 바실리 베레샤긴의 작품들을 살펴보며, '승리와 발전'이 하나님의 선물이라고 세뇌된 시대에 진정한 성령의 열매는 무엇인지, 온유라는 것이 무엇인지 고민해 보는 그림입니다.

톨스토이와의 대화

가난한 사람들 (1907) `온유`

> ❝ 너희 안에 이 마음을 품으라. 곧 그리스도 예수의 마음이니, 그는 근본 하나님의 본체시나 하나님과 동등됨을 취할 것으로 여기지 아니하시고, 오히려 자기를 비워 종의 형체를 가지사 사람들과 같이 되셨고, 사람의 모양으로 나타나사 자기를 낮추시고 죽기까지 복종하셨으니 곧 십자가에 죽으심이라.
>
> – 빌립보서 2장 5~8절 – ❞

한 어촌에 가난한 부부가 살았다. 이들에겐 세 아이가 있었고 남편이 잡는 생선으로 생계를 이어갔다. 어느 날 남편 폴은 여느 때처럼 아침 일찍 그물을 챙겨 바다로 나갔다. 그런데 정오부터 바람이 불기 시작하더니 저녁엔 거센 풍랑이 일었다. 아내 잔나는 날이 저물도록 폴이 돌아오지 않자 불안해졌다. 그녀는 아이들을 잠자리에 눕히고는 몇 번이나 밖으로 뛰쳐나가 바다를 바라봤다. 하지만 어두워서 아무것도 보이지 않고, 쌩쌩거리는 바람과 파도 소리만 요란했다. 그녀는 사랑하는 남편이 바다에서 돌아오지 못하면 어쩌나 두려움에 사로잡혔다. 그러다가 몸이 아픈 이웃집 과부 리자가 떠올랐다.

리자의 남편도 바다에서 사라졌었다. 잔나는 리자의 안부가 궁금해서 그녀의 집으로 향했다. 바람이 어찌나 센지 몸이 날아갈 것만 같았다. 이웃집에 도착하여 문을 두드리자 아무 대답이 없었다. 잔나는 안으로 들어가 등불을 켰다. 그런데 침대에 누워 있는 리자는 몸이 싸늘하게 식어 움직이지 않았고, 그녀 옆엔 어린 두 아이가 잠들어 있었다.

잔나는 얼른 두 아이를 자신의 집으로 데려와 따뜻한 우유를 먹이고 잠자리에 눕혔다. 그녀는 여전히 무서웠다. 만일 남편이 사라져 버린다면 홀로 다섯 아이를 책임져야 한다. 남편이 무사히 돌아온다면 이웃집 고아들까지 어떻게 먹여 살리냐고 야단칠 게 분명했다. 잔나는 난롯가에 앉아 뜨개질하며 기도했다.

"나의 하나님, 나의 하나님, 도와주소서."

그때 문이 삐걱거리더니 폴이 방 안으로 들어왔다. 몸이 흠뻑 젖고 바닷물이 바닥에까지 흘러내렸다. 폴은 옷을 갈아입고 저녁을 먹은 후 난롯가에 앉았다. 잔나는 이웃집 아이들을 데려왔다는 말을 꺼낼 수 없었다. 그런데 폴이 먼저 물었다.

"리자는 좀 어때?"

이웃이 숨을 거두었다는 말에 폴의 얼굴이 굳어졌다.

"애들까지 무슨 일이 생기면 안 돼. 얼른 가서 데려와야겠어."

잔나는 그제야 울음을 터뜨리며 남편에게 사실대로 말했다. 그리고 아이들이 잠들어 있는 가림막 너머를 가리켰다. 폴은 화내지 않고 오히려 잔나의 어깨를 토닥이며 위로했다. 나란히 잠든 다섯 아이를 보며 폴이 말했다.

"그럼 그래야지. 다 살아야지."

Q1 '그리스도의 마음'이란 무엇일까요? 빌립보서 2장 5~8절을 읽고 답해 볼까요.

Q2 톨스토이의 작품과 그림에서 '온유'는 어떤 모습으로 나타나나요?
이를 우리 삶에 어떻게 적용할 수 있을까요?

Q3 "착함, 의로움, 진실함"이 '온유'와 어떤 관계가 있다고 생각하나요?
일상에서의 예를 들어 설명해 볼까요.

성경의 창문

빌립보는 앞서 7과에서도 살펴보았듯이 로마 제국 변방에 위치한 가난하고 소외된 지역이었습니다. 빌립보 교회 성도들은 열악한 형편에도 불구하고 힘껏 바울을 후원했고, 다른 어려운 교회들을 도왔습니다. 그리스도의 마음을 품었기에 가능한 일이었습니다. 바울은 빌립보 성도들에게 그리스도의 마음을 가지라고 권면합니다. 그리스도는 하나님이시지만, 모든 영광을 버리고 스스로 낮아지셔서 십자가에서 죽으셨습니다. 바로 '온유'의 결정체라고 할 수 있습니다. 우리가 스스로 낮아져서 다른 사람들과 같은 눈높이에서 공감하고 소통하는 것이 '그리스도의 마음'이며, '온유'입니다. 따라서 우리의 온유한 모습은 세상에 나타난 '그리스도의 모습'입니다.

역사의 창문, 브나로드 운동

한국사를 공부하셨다면 '브나로드 운동'을 들어보셨을 겁니다. 일제강점기에 농민들을 일깨우기 위한 운동이 펼쳐졌는데, 그 운동이 바로 러시아로부터 영향을 받은 운동입니다. 19세기 후반 러시아의 지식인들은 농민과 노동자들을 계몽시키기 위해 '민중 속으로 들어가자'는 슬로건을 내세웠습니다. 이런 흐름이 우리나라의 1930년대에도 이어졌습니다. 문맹을 타파하고 사람들을 계몽시켜서 현실을 극복하려는 움직임이 있었습니다. 이것을 보여주는 대표적인 작품이 심훈이 쓴 《상록수》입니다. 이 소설의 주인공 '채영신'은 실제 인물이었던 최용신 전도사님을 모델로 삼았습니다.

어쩌면 우리 시대는 다시 브나로드 운동이 필요한 때가 아닐까요? 아이들의 인구가 급격히 줄어들고 있고, 더 이상 아이들을 교회에서 볼 수 없을지도 모릅니다. 이럴

때일수록 더 사람들 속으로 들어가서 한 명의 아이를 귀하게 여겨야 합니다. 100년 전 브나로드 운동이 문맹률을 극복한 것처럼, 우리는 새로운 브나로드 운동을 통해 아이들의 가치를 재발견하고, 그들에게 더 나은 미래를 선물할 수 있기를 바랍니다.

브나로드 운동

9과

절제
(Self-control)

그림과의 대화

찬송하는 경찰들 (1882)

레오니드 솔로마트킨(1837~1883) 作

9과 절제(Self-control) | 145

위엄 있는 제복을 입은 경찰들이 들어와서 엄숙하게 찬송가를 부르고 있습니다. 성탄절 아침입니다. 성탄절 아침에 사람들은 집집마다 다니며 찬송을 하는 관례가 있었어요. 그러나 경찰들은 어떤가요? 세 명의 경찰 중 왼편의 인물은 코가 붉습니다. 거나하게 낮술을 한 모양입니다. 그 뒤의 경찰은 몸도 제대로 가누지 못하고 있습니다. 이들은 누군가의 집에 들어와서 찬송가를 열심히 부릅니다. 우리가 이들을 맞이한다면 어떤 기분일까요?

문을 열고 나온 맨 왼편의 인물은 집주인으로 보입니다. 그의 표정은 불쾌함이 가득한데, 그는 지갑을 열어서 돈을 꺼내고 있습니다. 그 앞에서 얼굴이 붉어진 경찰은 꼿꼿이 서서 찬송을 부르지만, 눈동자는 지갑을 향해 있습니다. 집주인의 아내인 듯한 여인은 그들의 찬송가가 듣기 힘들었는지 뒤돌아서서 귀를 막고 있습니다. 아내의 뒷모습은 그녀가 얼마나 괴로워하는지 느낄 수 있을 정도입니다. 한 이웃은 빼꼼히 문을 열어서 문틈으로 이 상황을 지켜보고 있습니다.

사람들은 성탄절을 축하하며 찬송을 했습니다. 경찰들은 성탄절에도 근무를 해야 했습니다. 그러나 자신의 본분을 잊고 권력을 이용해서 돈을 요구하는 모습이 과연 옳을까요? 오늘날 정치인들과 종교인들은 자신의 권위를 어떻게 사용하나요? 이들이 술에 취한 채 찬송가를 부를 때, 그들의 주(主)님은 주(酒)님이 아니었을까요? 권력과 지위는 보호하고 베푸는 수단일까요, 착취하는 수단일까요? 교회의 머리는 예수 그리스도이며, 각 직분은 공동체를 섬기기 위한 역할이지, 결코 군림하는 수단이 되어서는 안 됩니다.

우리의 사사로운 욕망을 억누르고, 나에게 주어진 사명을 다하는 태도가 성령의 열매 중에서 '절제'입니다. 양심의 소리를 듣고, 불의와 거짓을 끊어내는 것이 절제입니다. 관행처럼 이루어지는 구조적인 악에 대해 침묵하지 않는 것도 절제입니다. 그림 속의 경찰들이 찬송을 부르는 대신 묵묵히 자신의 일을 했더라면 어땠을까요?

톨스토이는 절제에 대해 우리에게 무엇을 말하고 있을까요?

사람에게 땅이 많이 필요한가 (1886) `절제`

> " 그러므로 나는 달음질하기를 향방 없는 것 같이 아니하고
> 싸우기를 허공을 치는 것 같이 아니하며, 내가 내 몸을 쳐 복종하게 함은
> 내가 남에게 전파한 후에 자신이 도리어 버림을 당할까 두려워함이로다. "
>
> – 고린도전서 9장 25~26절 –

한 마을에 파홈이라는 농부가 살았다. 그는 땅을 빌려 농사를 짓는 소작농이었다. 그런데 땅이 적은 게 늘 불만이었고, 땅만 많으면 농사를 더 많이 지어서 부유해질 거라고 확신했다. 그러던 중 마을에 소문이 돌았다. 땅 주인이 땅을 팔려고 내놓았는데 난폭하기로 유명한 여관 주인이 땅을 사려 한다는 것이었다. 파홈을 비롯한 소작농들은 걱정에 사로잡혔다. 여관 주인이 지주가 되면 소작료를 지금보다 더 많이 받고, 사사건건 꼬투리 잡아 벌금을 물릴 게 뻔하기 때문이었다. 농부들은 주인을 찾아가 자기들에게 땅을 팔라고 설득했고, 각자 형편에 맞게 땅을 사기로 했다. 파홈도 어렵게 돈을 마련하여 5만 평의 땅을 샀다. 우선 땅값의 절반만 치르고, 나머지 반은 2년 안에 갚기로 했다. 지주가 된 파홈은 열심히 농사를 지어 큰 수확을 얻었고, 1년 만에 나머지 땅값까지 다 갚을 수 있었다.

파홈은 하루하루 즐거웠다. 하지만 곧 한 가지 걱정거리가 생겼다. 다른 집 소들이 자꾸만 자기 땅에 들어와 풀을 뜯어 먹고 말들이 논밭을 망쳐 놓았다. 참을 수 없었던 그는 이웃들을 고발하기 시작했고, 벌금을 내게 된 이웃들은 파홈에게 앙심을 품었다. 파홈은 땅을 소유했지만, 이웃들과 사이가 나빠지고 다툼이 일상이 돼버렸다.

한번은 마을을 지나치던 한 나그네가 파홈의 집에 머물게 됐다. 그는 땅이 아주 비옥한 남쪽 지방에서 온 사람이었는데, 얼마 전부터 그쪽으로 이주하는 사람들이 늘고 있다는 소식을 들려줬다. 누구든 그곳에 가서 단체에 가입하면 한 사람당 3만 평의 땅을 공짜로 빌려준다고 했다. 파홈은 마음이 들떠 생각했다. '이 좁은 땅에서 평생 살 필요는 없지. 새로운 곳에 가서 땅도 더 많이 얻고 재산을 불리자.' 파홈은 계획을 철저히 세운 후 남쪽 지방의 큰 마을로 이주했다. 그곳 마을단체에 가입하자 다섯 명 식구 수대로 15만 평의 땅을 분배받았다. 파홈은 새로 집을 짓고 가축을 기르고 농사를 지었다. 땅이 비옥해서 매년 풍작이었고, 그가 경영하는 살림과 재산의 규모가 예전보다 열 배나 늘었다. 파홈은 아주 만족스러웠으나 시간이 지나자 익숙해지고 그 땅도 좁게만 느껴졌다. 농경지가 여기저기 흩어져 있고 마을에서도 멀어서 불편한 점이 많았다.

어느덧 3년이란 시간이 흘렀다. 파홈은 큰 땅덩이를 통째로 사서 사유지로 만들어야겠다고 생각했다. 그러던 어느 날 한 상인이 마을을 통과하다가 파홈의 집에 머물게 됐다. 그는 아주 먼 지방인 바시키르에서 왔는데, 그곳에서 1,500만 평의 땅을 겨우 천 루블에 샀다고 했다. 믿을 수 없었던 파홈은 상인에게 아주 자세히 캐물었다.

상인은 "특별한 비결은 없어요. 그 지방 어르신들께 잘 보이면 되지요. 고급 선물을 준비해서 나눠주고, 술도 대접하고, 말만 잘하면 돼요. 사람들이 어리숙해서 어마어마한 땅을 헐값에 판다니까요."

상인의 말을 듣고 파홈은 생각했다.

'여기선 천 루블로 150만 평밖에 못 사는데, 바시키르에 가면 엄청난 걸 얻게 되겠구나!'

파홈은 아내에게 집을 맡긴 후 일꾼을 데리고 바시키르로 떠났다. 고급 선물과 술도 미리 준비했다. 7일째 되는 날 바시키르에 도착해 보니, 과연 상인의 말대로 초원이 끝없이 펼쳐져 있고 땅도 아주 비옥해 보였다. 바시키르 사람들은 유목민이라서 농사는 짓지 않고 가축을 기르며 살고 있었다. 파홈이 선물을 나눠주기 시작하자 사람들이 매우 기뻐하며 자신들도 파홈에게 답례하고 싶다고 했다. 무엇을 원하냐는 물음에 파홈은 그곳의 비옥한 땅을 갖고 싶다고 했다. 그러자 털모자를 쓴 바시키르 족장이 말했다.

"그러시게. 우린 땅이 아주 많으니, 당신이 원하는 만큼 줄 수 있어요. 땅값은 하루당 천 루블이라오."

파홈이 이해를 못하자 족장이 다시 말했다.

"몇 평이 될지는 모르겠으나 땅을 하루 동안 돌아보는 만큼 다 당신 것이 되는 거요. 그래서 하루당 천 루블이지. 하지만 해가 지기 전에 반드시 출발한 곳으로 되돌아와야 한다오. 그렇지 않으면 돈만 날리게 돼. 괜찮겠소?"

파홈은 뛸 듯이 기뻐하며 동의했고, 다음 날 아침 해 뜨기 전에 모이기로 했다. 잠자리에 누운 파홈은 머릿속으로 계산해봤다.

'요즘은 해가 길어서 하루에 50㎞는 돌 수 있을 거야. 그럼 대체 땅이 얼마나 되는 거야! 안 좋은 땅은 되팔거나 빌려주면 돼. 좋은 땅 15만 평은 일꾼들 고용해서 농사를 짓고, 나머지 땅엔 가축을 풀어놓고 길러야지.'

파홈은 밤새 잠을 못 이루고 새벽에야 잠깐 잠들었다가 꿈을 꾸었다. 꿈에서 바시키르 족장이 자신을 향해 깔깔 웃었는데, 잠시 후 그 족장이 자기 집에 와서 땅 얘기를 해줬던 상인으로 변하더니, 다시 남쪽 지방에서 왔다는 나그네로 변했다. 그리고 나그네는 다시 머리에 뿔이 달린 악마로 변했다. 악마가 깔깔대며 웃었고, 악마 앞엔 속옷 차림의 남자가 쓰러져 있었다.

자세히 보니 그 남자는 바로 자기 자신이었다. 파홈은 기겁하며 꿈에서 깼다.

바시키르 사람들이 출발 지점인 언덕에 모였다. 파홈은 돈을 꺼내 족장의 털모자에 놓은 다음 몸을 풀기 시작했다. 그리고 땅끝에서 해가 솟아오르자마자 어깨에 삽을 메고 출발했다. 조금 가서 구덩이를 파고 지나쳐온 길을 표시했다. 그리고 조금 더 가서 또 구덩이를 팠다. 5km 정도 걷자 몸에서 열이 올라 겉옷을 벗고는 다시 5km 정도를 걸었다. 갈수록 좋은 땅이 나와서 조금만 더, 조금만 더 가자, 하며 걸었다. 그리고는 구덩이를 파놓고 왼쪽으로 방향을 틀었다. 점심때가 되자 파홈은 지치기 시작했다. 잠시 앉아 목을 축이고 빵을 먹고는 금방 다시 길을 나섰다. 점점 더워지고 졸음이 몰려왔으나 고생한 만큼 더 많은 땅을 가질 수 있다는 생각으로 버티었다. 얼마 후 다시 왼쪽으로 방향을 꺾으려는 순간 또다시 좋은 땅이 나와서 아까운 생각이 들었다. 파홈은 좀 더 걸은 후 구덩이를 파고, 두 번째 모퉁이를 돌았다. 그런데 출발 지점인 언덕을 바라보니 너무 멀어서 제때 되돌아가지 못할 것 같았다. 그래서 세 번째 방향으로는 2km만 간 후 곧장 출발 지점으로 향했다. 언덕까지 15km 정도 돼 보였다.

파홈은 너무나 힘들었다. 땀을 뻘뻘 흘리고, 무거운 부츠를 벗고 맨발로 걸은 탓에 발도 다치고, 다리는 휘청거렸다. 쉬고 싶은 마음이 간절했지만 해 지기 전까지 못 갈 것 같아서 쉴 수 없었다. 아직 갈 길이 먼데 태양은 자꾸만 기울어갔다. 파홈은 조금씩 달리기 시작했다. 겉옷과 부츠, 물병까지 다 내던지고 삽으로 몸을 지탱하며 달렸다. 파홈은 생각했다.

'너무 욕심이 컸어. 망하게 생겼잖아. 해지기 전에 못 갈 것 같아.'

파홈은 실패의 두려움으로 더욱 숨이 막혔지만 계속해서 달렸다. 심장이 쿵쾅거리고, 숨을 헐떡이고, 다리에 힘이 빠져 몇 번이나 주저앉을 뻔했다. 이러다 죽을 것 같다는 무서운 생각도 들었지만 멈출 수 없었다.

'내가 지금까지 얼마나 고생했는데. 인제 와서 멈춘다면 다들 나더러 바보라며 비웃을 거야.' 어느덧 언덕이 가까워지자 바시키르 사람들의 응원 소리가 들렸다. 그 함성에 파홈은 마지막 힘을 짜내어 달렸다. 태양은 이미 땅끝에 닿아 하늘이 피처럼 빨갛게 물들었다. 하지만 언덕 위에서는 아직 해가 진 게 아니었다. 파홈은 언덕 위로 뛰어올랐다. 곧 자신의 돈이 놓인 족장의 모자가 보이고, 모자 앞엔 배를 움켜쥐고 깔깔 웃고 있는 족장이 보였다. 파홈은 새벽녘에 꾼 꿈이 떠올랐다.

'땅을 많이 차지한들 하나님께서 날 그 땅에 살게 하실까. 욕심이 너무 커서 스스로 모든 걸 망친 것 같구나.'

파홈은 족장을 향해 마지막 한 걸음을 내딛고는 쓰러졌다. 그러면서 손으로 모자를 움켜쥐었다. 바시키르 족장이 크게 웃으며 외쳤다.

"이야, 정말 잘했소! 땅을 아주 많이 가지게 됐구려!"

파홈의 일꾼이 다가와 파홈을 일으키려 했다. 하지만 그는 이미 죽은 상태였다. 바시키르 사람들은 혀를 차며 안타까워했다. 일꾼이 삽을 들어 시신을 묻을 무덤을 팠다. 파홈이 차지한 땅은 머리부터 발끝까지 고작 2미터였다.

성경과의 대화

Q1 고린도전서 9장 25~26절에서 바울이 '절제'를 강조한 이유는 무엇인가요?

Q2 톨스토이의 단편에서 주인공은 땅 욕심을 절제하지 못했습니다.
나에게도 파홈의 '땅'에 해당하는 것이 있다면 무엇인가요?

Q3 톨스토이의 단편과 솔로마트킨의 그림을 보면서 우리가 속한 공동체나 사회에서 '절제'가 필요한 부분은 무엇일지 생각해 봅시다.

성경의 창문

고린도는 활발한 무역이 이루어지는 항구도시였습니다. 경제적으로 부유한 곳에 있던 고린도 교회였지만 모범이 되는 교회는 아니었습니다. 이런 교회일수록 가장 필요한 덕목은 바로 '절제'라고 할 수 있습니다. 고린도 교회는 고린도의 다른 신전들과 전혀 구별되지 않았습니다. 성도들이 고린도 시민들의 생활 방식과 똑같은 모습으로 신앙 생활을 했기 때문입니다. 그래서 교회 안에서도 우상숭배, 음란함, 다툼, 비방이 있었습니다. 그런 상황에서 성령의 은사들이 많았기 때문에 교회는 다른 '신전'들과 전혀 다를 바가 없었습니다. 그래서 바울은 두 차례에 걸쳐서 고린도 공동체가 바로 '신전(성전)'이라고 강조했던 겁니다(고전3:16, 6:19).

그렇다면 우리가 성령의 신전이 되기 위해서 무엇이 필요할까요? 방언, 통역, 신유(병 고침) 같은 은사보다 더 필요한 것이 '절제'를 통한 구별되는 모습이 아닐까요?

역사의 창문, 볼셰비키 혁명

1917년 10월에 러시아의 볼셰비키 혁명이 일어났습니다. 마르크스의 사상을 토대로 하는 국가가 출현한 것입니다. 200년간 이어온 제정 러시아가 막을 내리고, 러시아 소비에트 연방 사회주의 공화국, 즉 '소련'이 등장했습니다.

볼셰비키 혁명은 러시아는 물론 우리나라를 포함한 전 세계에 엄청난 영향을 미쳤습니다. 소련은 러시아 주변 15개 국가들을 포함한 나라였기에 세계에서 가장 큰 면적을 자랑했고, 제2차 세계대전 이후에는 미국과 소련의 대립, 즉 '냉전시대'가 시작되었습니다. 미국과 소련의 대립은 1950년 한국전쟁으로 이어졌고, 그 결과 대한민국은 전 세계 유일한 분단국가로 남아 있습니다.

제정 러시아 시대에는 러시아 정교회를 국교로 선언했습니다. 정교회는 스스로를 '정통 교회'라고 주장했고, 모스크바는 제3의 로마라고 선언했습니다. 그러나 19세기에 러시아 교회는 하나님 편에 선 것이 아니라 권력의 꼭두각시 노릇을 했습니다. 1721년 제정 러시아의 표어가 '하나님, 차르를 보호하소서'였다면, 1917년 볼셰비키 혁명이 일어난 후의 표어는 마르크스의 〈공산당 선언〉에서 따온 '만국의 노동자여, 단결하라!'였습니다. 종교는 '민중의 아편'이라면서 금지되었고 러시아는 무신론 국가가 되었습니다.

1721년의 제정 러시아, 러시아 정교회, 그리고 1917년 볼셰비키 혁명을 생각해보면, 요한계시록의 말씀이 떠오릅니다. 예수님의 이런 경고는 러시아에게만 해당하는 것은 아닐 겁니다.

> " 그러므로 어디서 떨어졌는지를 생각하고
> 회개하여 처음 행위를 가지라.
> 만일 그러하지 아니하고 회개하지 아니하면
> 내가 네게 가서 네 촛대를 그 자리에서 옮기리라.
>
> - 요한계시록 2장 5절 -

에필로그

폼페이 최후의 날

에필로그

폼페이 최후의 날 (1830~1833)

우리는 지금까지 성령의 열매를 다양하게 살펴보았습니다. 두 가지 특징을 볼 수 있습니다. 성부, 성자, 성령 하나님이 삼위일체로 존재하시는 것처럼, 성령 하나님께서 우리와 함께 하신다면, 우리에게는 하나님의 성품이 '열매'로 나타난다는 점입니다. 두 번째로 성령의 열매는 공동체를 향한다는 특징을 볼 수 있습니다. 타인의 고통을 함께 아파하고, 누군가의 눈물을 공감하는 마음이 열매의 중요한 기준입니다.

성령의 열매를 마무리하며 대비되는 두 화가를 소개하려고 합니다. 둘 다 러시아에서 촉망받던 화가였고, 국비 장학생으로 유학을 떠난 학생이었습니다. 바로 카를 브률로프와 알렉산드르 이바노프입니다.

카를 브률로프(1799~1852)

알렉산드르 이바노프(1806~1858)

브률로프는 그의 대표작 〈폼페이 최후의 날〉을 이탈리아에서 그렸습니다. 사람들은 이 그림을 보고 그를 루벤스나 렘브란트에 버금가는 화가라고 추앙했습니다.

폼페이 최후의 날(1830~1833), 카를 브률로프 作

이 그림은 폼페이라는 이탈리아 고대 도시가 화산 폭발 때문에 재로 뒤덮여 멸망하던 날 사람들의 최후를 담고 있습니다. 브률로프는 이 그림에 자신의 얼굴을 그려 넣었습니다. 이 그림을 그린 시기는 데카브리스트의 난 이후 5년이 지난 시기였습니다. 많은 사람이 시베리아로 유형을 떠나고, 감시와 검열 속에서 숨죽이고 있던 '폼페이' 같은 시절, 브률로프는 시대의 고통을 외면했습니다. 이 그림은 그에게 명성을 가져다주었고, 조국으로 돌아와서는 권력을 안겨주었지만, 시대의 불길을 피한 채 사치스러운 향락을 즐겼습니다.

이와 대조적으로, 알렉산드르 이바노프는 시대의 아픔을 외면하지 않았습니다. 그의 작품 〈민중 앞에 나타난 그리스도〉는 당시의 사회적 현실을 반영하며, 고통받는 이들에게 희망의 메시지를 전했습니다. 이로 인해 그는 27년간 조국으로 돌아오지 못했고, 많은 어려움을 겪었지만, 그의 예술은 러시아 화단에 깊은 영향을 미쳤습니다.

이 두 화가의 선택은 우리에게 중요한 질문을 던집니다. 우리는 어떤 삶을 살아갈 것인가? 개인의 안위와 성공만을 추구할 것인가, 아니면 공동체의 아픔에 귀 기울이며 함께 성장할 것인가?

이러한 맥락에서 김지하의 시 〈금관의 예수〉 한 구절을 떠올려 봅니다.

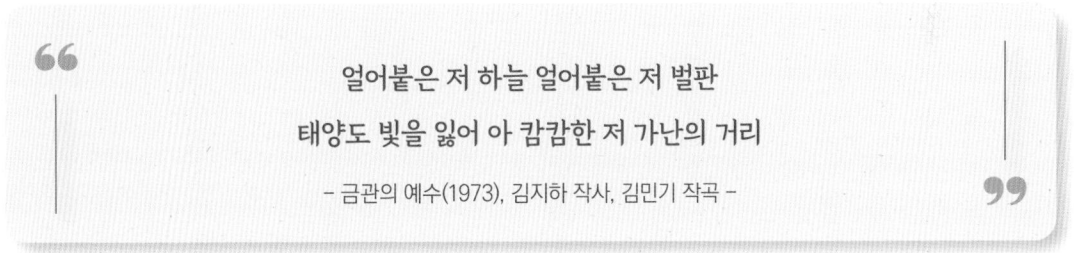

> 얼어붙은 저 하늘 얼어붙은 저 벌판
> 태양도 빛을 잃어 아 캄캄한 저 가난의 거리
> - 금관의 예수(1973), 김지하 작사, 김민기 작곡 -

이 구절은 우리 주변의 어려운 현실을 생생하게 묘사합니다. 그러나 우리는 여기서 멈추지 말고, 희망을 향해 나아가야 합니다.

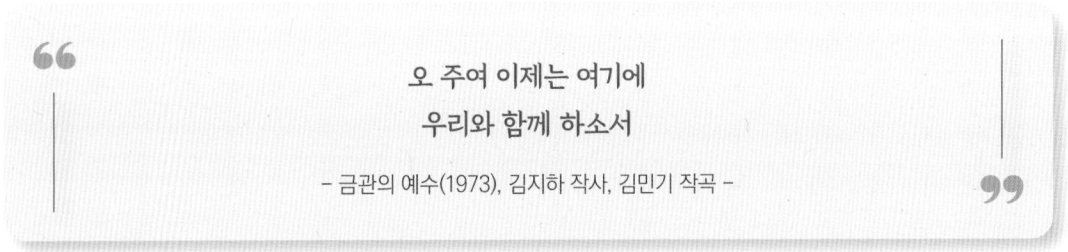

> 오 주여 이제는 여기에
> 우리와 함께 하소서
> - 금관의 예수(1973), 김지하 작사, 김민기 작곡 -

이는 단순히 하나님의 개입을 바라는 것이 아닙니다. 우리 모두가 서로의 고통에 귀 기울이고,

함께 나아가자는 간절한 외침입니다.

여러분, 특히 젊은 독자 여러분에게 부탁드립니다. 우리 주변을 둘러보세요. 고통받는 이들의 목소리에 귀 기울여 주세요. 그리고 여러분의 방식으로 그들과 연대해 주세요. 때로는 작은 관심과 행동이 누군가에게는 큰 희망이 될 수 있습니다.

세상은 넓고 할 일은 많습니다. 하지만 우리가 함께한다면, 그 어떤 어려움도 극복할 수 있을 것입니다. 여러분의 삶이 성령의 열매로 가득하기를, 그리고 그 열매가 우리 사회에 긍정적인 변화를 가져오기를 진심으로 기원합니다.

참고문헌

가톨릭신문 2016년 5월 22일자 16면. 최대환 신부의 인물과 영성이야기 (20), 안드레이 루블료프.

김희은, 《미술관보다 풍부한 러시아 그림 이야기》, 자유문고, 2019.

레프 톨스토이, 《사람은 무엇으로 사는가》, 김선영 역, 새움, 2020.

레프 톨스토이, 《신의 나라는 네 안에 있다》, 박홍규 역, 들녘, 2016.

박홍규, 《내 친구 톨스토이》, 들녘, 2015.

석영중, 《톨스토이, 도덕에 미치다》, 예담, 2009.

슈테판 츠바이크, 《츠바이크가 본 카사노바, 스탕달, 톨스토이》, 나누리 역, 필맥, 2005.

스탠리 하우어워스, 윌리엄 윌리몬, 《성령》, 김기철 역, 복 있는 사람, 2017.

이주헌, 《눈과 피의 나라 러시아 미술》, 학고재, 2006.

이진숙, 《러시아 미술사》, 황금가지, 2007.

일리야 레핀, 《일리야 레핀 : 천 개의 얼굴 천 개의 영혼》, 이현숙 역, 써네스트, 2008.

헨리 나우웬, 《주님의 아름다우심을 우러러》, 분도출판사, 1989

톨스토이와 성령의 9가지 열매

초판 1쇄 발행 2024년 8월 19일

지은이	박양규, 신소윤, 김선영
펴낸이	이옥겸
디자인	소야(SOYA)
펴낸곳	큐리북
등록번호	제2020-000109호
주소	서울시 중구 수표로 45 을지비즈센터 709호
전화	070.4616.4040
팩스	0505.898.1010
이메일	master@soyapr.com
SNS	▶ 교회교육연구소
ISBN	979-11-971906-5-0
가격	16,800원

• 잘못된 책은 바꾸어 드립니다.
• 이 출판물은 저작권법에 의해 보호를 받는 저작물이므로 무단 전재와 무단 복제를 할 수 없습니다.